此书献给过去十多年里向我分享过
孩子教育困惑和教育智慧的家长与老师们。
向为本书题写书名的著名教育家顾明远老师、
为本书写推荐语的李希贵校长表示感谢!
同时也感谢我的家人在本书创作过程中的理解和支持!

相互倒映的湖水
——如何面对BANI时代的教育

李永远 著

科学出版社

北京

内 容 简 介

本书针对 BANI 时代中小学生教育尤其是家庭教育中出现的问题而撰写。书中主要探讨了"为什么教育越来越难""父母对孩子教育方式急需的变革""父母到底怎样才能影响到孩子"等问题。书中把孩子成长的过程比作"生物运动"，就像农业一样有"时令"，探讨了不同阶段应该侧重培养孩子的什么素质以及怎样去培养。同时本书关注青少年心理健康，阐释了新颖而实用的心理补偿机制。另外，本书还针对当前青少年的两大问题——"佛系""拖延症"，分析了问题背后的深刻原因，并且给出了可操作的解决办法。最后，本书分析了社交媒体对青少年的影响，给家长们提供了实用可行的问题解决建议。

本书以亲子关系的视角对当前社会环境下孩子的教育进行了细致剖析，为家长、教师提供了实用的解决方法，对中小学家长、教师以及关注亲子关系的其他读者有参考价值。

图书在版编目（CIP）数据

相互倒映的湖水：如何面对BANI时代的教育 / 李永远著. -- 北京：科学出版社，2025.4. -- ISBN 978-7-03-082108-9

Ⅰ.G78

中国国家版本馆CIP数据核字第2025Z75A89号

责任编辑：孙文影　高丽丽 / 责任校对：杨　然
责任印制：徐晓晨 / 封面设计：有道文化
装帧设计：北京美光设计制版有限公司

科学出版社 出版
北京东黄城根北街16号
邮政编码：100717
http://www.sciencep.com

北京中科印刷有限公司印刷
科学出版社发行　各地新华书店经销

*

2025年4月第　一　版　开本：890×1240　1/32
2025年4月第一次印刷　印张：6 3/4
字数：145 000
定价：59.80元
（如有印装质量问题，我社负责调换）

前　　言
BANI时代需要有智慧的韧性

什么是BANI时代？

BANI是美国未来研究所学者贾迈斯·卡西欧（Jamais Cascio）于2016年提出的用于描述新时代的四个英文单词的首字母缩写，即Brittleness（脆弱）、Anxiety（焦虑）、Nonlinearity（非线性）、Incomprehensibility（不可理解）。近几年，尤其是疫情之后，这一概念逐渐在全球流行起来。我们先来看看这四个词所描述的状态。

（1）脆弱。任何看上去运行良好的秩序和系统随时可能发生变化甚至崩塌，大到世界秩序，小到我们周围的环境甚至是我们的身体和心理状态。个体、企业、组织在各种冲击中表现得比人们想象的要脆弱。人与人的关系、家庭的结构、社区关系都不再像以往那样牢不可破。

（2）焦虑。在技术的快速迭代、内卷式竞争、各种"黑天鹅"和"灰犀牛"事件频频袭来的不确定性背景之下，很多人都会感到焦虑。

（3）非线性。当今的世界比以往任何时候都复杂，用过去的逻辑很难解释当今发生的事情，因果关系变得更加复杂。一些微小的变化可能会产生巨大的影响，反而一些重大的事件可能没有明显的后果。总之，很多事情都变得难以预测。

（4）不可理解。信息越来越多，也越来越杂，看似我们能获取的信息越来越多了，但未知的信息反而增加了。模棱两可和混沌不明变成一种常态，很多东西都变得难以理解。

在教育领域的映射

在BANI时代，教育同样具有上述一些特征。教育越来越深刻地受到政治、经济、科技、文化、社会的影响，同时又在努力回应着这些不同方面对它的需求。无论是在生理还是心理上，教育对象都变得更加脆弱、敏感。教育对象既受到教育者的影响，又受到社会种种力量（如社交媒体）的影响。教育者本身也有许多困惑和面临许多未知，他们同样需要被教育。在新的科技和社会变化面前，人们在不断地调整着教育传递知识的方式，以及对学生的教育方式。家庭教育和学校教育对教育者的直接影响在减弱，然而潜移默化的影响却在加强。在巨大的不确定性面前，一些学生、家长和老师深陷焦虑之中。

教育者的责任
——以自己有智慧的韧性塑造教育对象的韧性

虽然当今时代有着脆弱、焦虑、非线性、不可理解的特征，但并不意味着我们束手无策。我们需要以开放而包容的心态去迎接各种挑战和变化，对新的事物保持好奇心，培养终身学习的能力和创造性解决问题的能力，只有这样才能增强我们在BANI时代的韧性。

笔者认为，在BANI时代，教育者（老师、家长）的责任就是以自己的智慧和韧性使那些脆弱、褶皱、焦虑的灵魂得到舒展，重新塑造教育对象，也就是广大学生的生理和心理韧性。正如前文所提到的，当今教育者对教育对象的直接影响在减弱，然而潜移默化的影响却在加强，这就更需要教育者有一定的智慧。本书的主要目标就是分享笔者在汲取前人的教育理念和经验的基础上，通过近20年的教育思考、观察、实践得到的一些感悟。

与许多家庭教育类的书相比，
本书有何独特的价值？

有一位知名的校长说过"没有比大汗淋漓的体育课更好的心理教育"。这句话真的很好，也马上成了教育圈和家长热捧的"金句"。然而，接下来的问题是，除了被安排和被要求，如何唤起学生主动投入到一场大汗淋漓的体育运动之中？对于当今的孩子来说，生理和心理的唤起或者唤醒比什么都难。方法论在哪里？本书尽量避免说"非常对"却"没有用"的话，试图尽可能多地提供一些方法论的内容。不同于泛泛地描述问题及告诉读者什么是"应该的"或者"对的"，本书在结合很多心理学研究和我多年教育实践的基础上给出了解决问题的方法。

为了做到这一点，首先，本书深刻地分析了教育对象的变化和成长规律，尤其是青春期的特点，在此基础上提出了家长和老师需要改变教育的"唤醒方式"。与此同时，我努力站在家长的角度，体会家长的难处，试图同家长一起寻找改变教育方式的动力。

其次，本书讨论的一些具体话题皆是当下家长关心的孩子教育的"痛点"。比如，大家现在都在关注青少年的心理健康，也知道心理健康很重要，那么怎么保持心理健康？对此，本书第六章阐释的积极健康的心理"补偿"机制非常新颖而实用。本书第七章、第八章分别针对当前青少年的两大问题——"佛系""拖延症"，分析了背后的深刻原因并且给出了解决办法。本书第五章提到的社交媒体对青少年的负面影响，以及给出的家长解决问题的建议也非常实用。

再次，本书试图从一些新颖的角度去分析问题。在谈到不同年龄阶段应该侧重培养的能力时，本书借用了"生物运动"特点和农业生产的"时令"，可以让读者更容易理解。在谈到AI时代教育的变化和人们的焦虑时，本书也试图换个角度分析哪些教育内容不但不应该改变，反而应该得到加强。

最后，本书争取做到可读性强。本书在言简意赅地讲道理的同时，也加入了一些生动、可读的案例，同时注重语言的表现力和张力。另外，本书中的插图均为AI软件生成。

由于笔者平日里还有授课和学校管理的任务，本书历时一年，是笔者用业余时间和节假日创作的。囿于笔者水平，加之时间仓促，书中难免会有一些不恰当、不准确的地方，诚恳地希望广大教育同人和家长批评指正，以期在今后再版时进行完善，让更多的读者受益，也让我们的学生受益。

李永远
2024年12月于北京

目　　录

前　言　BANI时代需要有智慧的韧性 ································ i

第一章　教育为什么越来越难

教育的大环境发生了哪些变化？ ································ 3
教育的对象——孩子发生了哪些变化？ ···················· 7
再论教育的长期培养目标 ··· 10

第二章　父母需要新的"唤醒"方式

可怜天下父母心 ··· 21

当"爱"已成压力 ………………………………………22

血缘与照顾抵不过精神层面的共鸣 …………………24

教育影响孩子的方式变了，但许多父母却没有跟上……26

父母在脆弱时的担当是唤醒孩子最好的"良药" ……32

父母的动力来自哪里 …………………………………33

第三章　培养孩子的"时令"

2岁前：父母的爱抚是最好的营养 ……………………41

2～6岁：尽情地"玩耍"，尽情地"想象" ……………42

7～12岁：美妙的学童起步时代 ………………………44

13～15岁："不安的"青春萌芽期 ……………………50

16～18岁：青春觉醒期 …………………………………54

再谈"躁动而可爱"的青春期 …………………………59

人生不是线性的 …………………………………………61

第四章　气质与标签

对千百万陌生人的性格/气质分类，是古老而现代的理想 ………………………………………………………67

静态的"标签" …………………………………………69
"标签"一旦形成，会出现消极的"自我意识" ……72
给别人贴"标签"，其实往往羞辱的不是别人，
很可能是自己 ………………………………………76
气质的另一种可能 …………………………………78
"你"是先天的气质、后天的努力、修养、环境与身份
一起组成的"拼贴画" ………………………………81

第五章 社交媒体与"脑腐"

社交媒体的两重"正当"功能 ………………………85
为什么"脑腐"会与社交媒体联系在一起？…………86
社交媒体正以极大的广度和深度传播着不实信息 …87
社交媒体加剧了分歧和冲突 ………………………88
社交媒体加剧着焦虑 ………………………………93
社交媒体消磨着孩子的耐心 ………………………95
社交媒体让人上瘾，时间概念弱化 ………………96
社交媒体让人们的内心更加孤独 …………………98
家长如何帮助孩子养成正确使用社交媒体的
习惯？…………………………………………………99

第六章　积极健康的心理补偿机制

什么是心理补偿？ ··107
补偿机制是如何运行的？什么样的补偿才是
积极的？ ··108
"Wounded Healer"——补偿和转化自己的伤痛
最好的方式 ··122

第七章　走出"佛系"，走进"心流"

为什么会"躺平"？ ··128
如何治愈"躺平"？ ··134
转出自我，人生更辽阔 ······································140
让孩子感受到学术之美，摆脱"厌学"状态 ···········141
什么是真正的"佛系"？ ····································144

第八章　用对抗"熵增"的思维治愈拖延症顽疾

拖延症背后的原因 ··149

大多数的拖延症看似是习惯问题，实则是
道德问题 ···153
用对抗"熵增"的方式"挣脱"拖延症 ·············155
用好"马蝇效应"，让自己为"拖延"行为付出
代价而真的感觉到"疼" ····························157
彻底抽离原来的环境 ····································158
榜样和同伴会为我们跳出"拖延"提供一种无形的
力量 ···159
信任和期望会转化为强大的精神力量 ············161
给"完美主义者"两个清晰而明确的"信号" ·······163

第九章 AI来临，教育中那些没有被改变的

生命教育在这个时代重要而迫切 ··················171
优雅而健康地应对同伴压力 ·························172
保护好孩子的创造力 ···································174
终身学习的热情和能力 ································180
对生活的热爱是所有惊喜的前提 ··················182
理性与善良是"科技向善"的保障 ··················183

后　记　躬身入局，做一个坚定的理想主义者

再谈教育的功能 …………………………………187

一个理想主义者的坚持 …………………………188

寂寞是理想主义者的战利品，委屈是理想主义者的

试金石 ……………………………………………191

参考文献 ……………………………………………195

第一章

教育为什么越来越难

> 虽然教育的环境越来越复杂，但无论如何，还请允许我把教育的培养目标始终设定为："**培养有家国情怀，胸怀天下，有责任感和担当、会寻找并且创造快乐的问题解决者！**"

最近几年，无论是教育从业者还是家长，都明显感觉到教育变得越来越难。学校觉得所有的社会压力、矛盾与期待全都投射到了学校身上，而家长也觉得教育孩子远比自己小时候的父母的压力要大，甚至因此对生孩子产生恐惧。确实，教育是深受社会政治、经济、科技、文化影响，而又牵动着这个社会最敏感神经的群体——未成年人的行业，这些年教育所面对的外部大环境，以及教育对象本身的变化都给教育工作带来了巨大的挑战。

教育的大环境发生了哪些变化？

- 这个世界不同群体之间的分歧和冲突比以前严重得多，而且似乎完全没有弥合的迹象

那么，这和教育有关系吗？答案是肯定的！成人世界的对立与冲突一定会通过某种方式渗透、延伸到孩子的世界中，因为孩子们不是生活在真空中。同时，外在世界也是教育的内容和话题。当孩子去认知、探索自己生活的这个世界时，现实世界在他们脑海中的镜像可能是一个分裂的世界、一个不包容的世界、一个充满戾气的世界……这又会如何影响和塑造他们的价值观和行为，就是不言而喻的了。那么问题来了，究竟是什么造成了当前不同群体间越来越严重的分歧与对立，而且完全没有意愿去沟通与弥合？

世界局势的周期性波动。 2005年，美国《纽约时报》专栏作家托马斯·弗里德曼所写的书《世界是平的》（*The World is Flat*）风靡全球。该书给大家描绘并畅想了全球一体化背景下，各国之间经济联系加强，投资、贸易、金融、技术等各种跨国活动增多，国际经济活动日益紧密地联系在一起。科技的发展，尤其是网络和通信的发展、分工的深化，使得世界政治、地域的障碍被消除，世界变得越来越平坦。虽然也会有经济和科技的竞争，但竞争的壁垒逐渐被打破，而且合作越来越密切，世界越来越像一个地球村。记得北京举办奥运会的时候，世界上许多国家的领导人都来参与这个人类共同的盛会，来自世界各地的运动员和游客聚在一起，有竞争，但更多的是沟通与交流。然而，十几年后的今天，俄乌冲突、哈以冲突旷日持久，"阵营"的概念重启，贸易战、经济战、科技战愈演愈烈。"你不上餐桌，就会出现在菜单上"的思想让各国互为沟壑。在某些国家内部，不同利益和不同价值观群体间的分歧和冲突不断加剧。

社交媒体在某些方面扮演着负面角色。 可以说，在某些方面，社交媒体不仅加剧了冲突和分歧，甚至可以说在制造冲突和分歧。某些社交媒体的虚假信息、流量机制、"车门效应"加剧甚至制造着人与人之间的冲突和分歧。

经济下行。 近年来，经济下行、就业机会的减少，加剧了不同人群间的竞争。在经济高速发展、蛋糕越来越大时，人们把关注点更多地放在了如何把蛋糕做大上。然而，当蛋糕不再变大甚至在某些方面缩小时，人们就会在意如何分蛋糕，争夺和冲突自然也就多了。这种争夺往往会让人的动作变形、吃相难看，尤其是在所有分配规则还在不断完善时。

技术发展的"反噬"。2020年9月，一篇题为《外卖骑手，困在系统里》的文章引发社会热议。这篇文章详细介绍了外卖平台在非理性竞争环境下，基于智能算法构建的配送体系对从业者的多重影响。为了在规定时间内送到，同时完成多个接单任务，外卖骑手不惜体力奔波，甚至不顾生命安全而选择逆行、闯红灯、抢行等。算法本质上在制造着骑手与客户之间的对立，以及骑手作为交通参与主体与其他车辆或者行人等主体之间的冲突。其实困在系统里的岂止是骑手，看似享受着外卖便捷的用户难道不也是一样吗？外卖服务的普及使社会用餐时间呈现压缩趋势，用户群体也在承受着系统性压力。数字技术的发展加速了社会运行节奏，部分人群在追求效率最大化的过程中，逐渐形成对即时反馈的过度依赖。这种异化现象既表现为同理心阈值的升高，也反映了人际互动中摩擦系数的增大。

自我形象的不断膨胀。当代社会对个性解放、个人价值的推崇，推动了自我认知的深化，这原本也是社会发展的进步。但是，当个体意识突破合理界限，自我形象过分膨胀时就会导致自我为中心，不顾社会的公共利益和他人的感受，将个人诉求的满足凌驾于公共福祉之上，进而导致社会冲突加剧。现在一些人秉持的是"大自我，小世界"的理念。也就是说，自我形象和自我感受的意识非常强，而对周围世界其他人的感受完全不关心。当此类价值取向形成群体性蔓延时，公共领域中的摩擦就会持续增加，社会协作网络也将面临断裂的风险。

疫情影响。疫情也许是一个意外因素，却似乎长期而深刻地影响了我们的社会。疫情期间，人们之间不能面对面交流、跨境流动受到限制等，造成了很多误解和分歧。而且很多心理层面的影响并没有随着疫情的结束而结束，这种认知惯性在很长一个时期内会持续影响人们的思维和行为方式。

■ 家庭结构和家庭关系的变化给教育带来了新的挑战

近年来，中国社会的离婚率在上升，一些大城市的离婚率更高。在孩子成长过程中，单亲家庭环境难免会给孩子造成一些心理创伤，有的还非常严重。这些心理创伤会使之后无论是家长还是学校对孩子的教育都会遇到非常大的挑战，因为对这些孩子来说，首先需要解决的是"修复""融入"的问题，然后才是知识的增长、能力的培养、价值观的塑造，而这些都不是短期轻易能做到的。我们看到，因为家庭原因引发的孩子心理问题，如空心病、抑郁症等越来越突出，青少年自杀、自残的现象不断触动社会的神经。另外，家庭中孩子的数量在减少，家庭结构往往呈现为多个成人关注一个孩子的教育，对教育的期望也在提升。但是，这种期待的提升同时也带来了"关心则乱"的现象。家长将很多期望寄托在孩子身上，寄托在学校和老师身上。然而，其中很多期望和诉求并不符合孩子的本心和特点，也不符合教育的规律。

■ 外界的噪声使教育的目标变得模糊且多变

1632年，夸美纽斯的《大教学论》出版，标志着教育学作为一门独立学科出现。换句话说,从那时起,教育就逐渐成为受过专业训练的人从事的工作,也只有他们才有资格对教育发表评论。然而,或许是由于教育并不像技术、工程领域那样具备高度的专业性,因此似乎每个人都可以基于经验主义对教育提出自己的观点和意见。这些观点不仅牵动着广大家长的心弦,同时也使教育的目标变得模糊不清。比如,多年前,谈到教育的培养目标,人们会说"学好数理化,找份好工作!"又比如,人们觉得培养孩子的记忆力非常重要,于是出现了很多所谓的"记忆力训练营",包括奥数、编程等。另外,教育政策的不断调整等,也促使学校和各类教育机构不断调整自己的教育教学方法与目标。然而,教育不能脱离其他行业的发展和社会需求的变化,需要与时俱进。但是,教育和其他很多行业一样,也需要遵循长期主义、长线思维,按规律办事。教育不应该被一些外在的因素过多地干预,而是应该将"人的全面发展"作为长期的培养目标,只有这样才能让家长和老师、其他教育工作者静下心来,减少分歧,形成合力,坚持不懈地培养全面发展的学生。

教育的对象——孩子发生了哪些变化?

除了教育环境的变化,需要认真讨论的还有教育对象,也就是孩子发生了哪些变化。近些年,我们的教育对象基本是Z世代(1995—2010年)后期和α世代(2010年以后)出生的孩子。

与Y世代（1980—1995年）出生的孩子相比，他们具有这样一些特征：

◇ 对互联网的依赖很强，对数字和视觉环境感到舒适，对互联网信息的辨别能力和对信息的高效搜索能力不足。

◇ 热衷于社交媒体，主要通过社交媒体来表达和沟通，往往忽略了面对面的沟通，沟通与解决误会的能力和意愿较低。

◇ 很多孩子是独生子女，从小被父母包围，所以成熟得更慢，对责任、承诺、担当的认知较晚，更倾向于以自我为中心。

◇ 倾向于自己观察和独立思考，具有批判精神和质疑精神。

◇ 对新事物充满好奇，却很难有什么事情能长时间吸引他们的注意力。

◇ 具有个性和充满活力，具有冒险精神和尝试的躁动，但很多时候不够稳重。

另外，随着人工智能的不断发展和广泛应用，作为未成年人的学生与作为成年人的老师和家长之间的信息差变得越来越小。换句话说，家长或者老师传递知识的职能被削弱。这使得对老师天然的神秘感而生的尊重，很难在现在的某些孩子身上看到。

了解孩子的这些特质，有助于理解很多家长和教育者经常面临的困惑：为什么家长自己认为说得很对的话，孩子却不信也不听？为什么孩子会获得很多既不是来自学校也不是来自家长的习惯或者想法？为什么孩子会觉得传统的课堂非常无趣？为什么孩子的情绪总是那么不稳定，心理总是那么脆弱？为什么孩子往往只关注自己的感受而很难为父母和或者其他人考虑？为什么孩子在大人眼中显得离经叛道，但他们自己却觉得这没什么？

很多家长往往会被这些问题困扰，有的家长甚至总是试图去"纠正"。我曾经认识一个家长，她对自己要求非常严格，对女儿的家教也很严，总是强调孩子有一些问题"苗头"的时候就要扑灭。她的女儿已经14岁了，可她从来不允许女儿和同学在没有父母陪同的情况下外出聚会，女儿的微信账号她必须能够登录。女儿加入了学校的花样游泳队，她要求女儿每次必须参加训练，而且要认真准备好装备，成绩不能在B或者B以下，并且要求女儿抽时间照顾家里的弟弟。后来，这个女孩在某一天突然就失联了，早上出门之后并没有到学校而是"消失"了一整天，直到很晚才疲惫地走回家，一句话也不跟父母说。这位母亲被吓坏了，她真的是爱女儿的。之后，女儿不想上学，她就让女儿休学，等女儿精神状态好一点想回到学校的时候，她就向学校申请复学。就这样，两三年过去了，女儿上学总是断断续续，不过她却从此放下了，接受了女儿所发生的一切。

前不久的两件事让我对14~15岁的孩子有了更深刻的认识。有一个8年级孩子的妈妈说，在未借助任何中介的情况下，她的孩子独立完成了加拿大高中申请的全流程操作。从筛选学校信息、撰写申请书到填写当地教育局要求的各类英文表格，这个少年不仅自主完成了所有材料准备，更令人惊叹的是，他竟能针对复杂的申请程序，有条不紊地制定时间表并完成了所有流程。作为母亲，她从未意识到孩子已经具备了这样的独立能力。另一件令我印象深刻的事发生在校园走廊。几个中学生的身影格外引人注目——有位脚部受伤的男生坐在轮椅上，两位同伴却推着他玩起了"轮椅漂移"。受伤的少年非但没有拘谨，反而高举手臂模仿电影《飞驰人生》中的经典台词高喊："我要做巴音布鲁克永远的王！"那一刻，我看着他们，觉得特别美好。这些在成年人眼中或许显得莽撞的举动，却让我真切感受到了青春独有的活力与乐观。

这就是我们的孩子，他们是比Y世代的人更复杂、更立体的个体，很难用"更好"或者"更不好"去定义他们。其实，作为父母，与其责怪这一代孩子身上不符合传统期待的特质，倒不如接受他们，因为是时代造就了他们的特质。与此同时，要看到他们身上的优势，比如，跨平台学习能力、对新兴事物的快速解码本领、基于数字原住民身份的创造潜能等，这些恰恰构成了未来社会的核心竞争力。只有接受这些特质，才能在此基础上找到对这代人起作用的教育唤醒方式，才能知道这代人成长中需要什么，知道他们面临的挑战并帮助他们培养出迎接挑战的能力和品质。

再论教育的长期培养目标

作为父母，无不望子成龙、望女成凤，希望自己的孩子成功、有出息。成功是什么？是一直学习好，在竞争中胜出，一路过关斩将，名校毕业，能有一份收入颇丰的体面工作吗？

近期发生的在谷歌工作的名校毕业生家暴妻子致死的骇人听闻的事件中，年轻的夫妻俩同是顶级名校毕业的学霸，就职于全球顶级科技公司,在最贵的旧金山湾区买了别墅,看似构筑起完美人生图景的他们,却未能逃脱人性暗面的吞噬。这不禁让人唏嘘和反思,到底什么才是"成功"?

从年少成名个性十足的奥运冠军,到精致培养14岁就尝试出镜直播带货的小小网红,体现出了母亲不同的养育理念。无论是哪种成功,其实都让大众拓宽了眼界,对成功有了新的认识。在学校里,我们可以看到多样化的个体,有擅长带领团队的小小领导者,有非常喜欢各种社团活动的社交达人,有专攻某一个领域的学术新星,也有不乏竞技场上刷新纪录的明日之星,这些孩子都在不同的舞台上闪闪发光。

定义成功无疑是困难的,那么究竟如何定义教育的长期培养目标呢?在不同国家,教育目标会有所区别,但被世界广为认可的教育目标是促进"人的全面发展"。当然,这是一种非常概括而抽象的表述,如果进行拓展,可以把教育目标设定为"培养胸怀天下,有家国情怀、责任感和担当,会寻找并创造快乐的问题解决者"。

■ 家国情怀为"水",个人追求为"舟"

2017年11月的一天,我正在MIT(麻省理工学院)图书馆参观,当时图书馆里刚好在举办"中国早期留学生资料展",有一张照片让我印象深刻:20世纪20年代,波士顿的学校组织了一场足球赛,当地的中国留学生组成了一支队伍,他们在参加比赛前留下了一张合影。照片中一群年轻学生脱下平日里的长衫,换上队服，满脸清瘦，却眼中有光。旧中国的贫弱和青年学子的理想都浓缩在了这张照片里。100多年前，这群背负国家苦难却目光坚定的留学生在开启着中国现代化的进程。

新中国成立后，一批留学海外的青年学者毅然回国，其中就有我国现代气象学的主要奠基人之一、我国大气物理学的创始人叶笃正先生。叶笃正是2005年国家最高科学技术奖获得者。20世纪40年代，他在芝加哥大学求学，在替同学预定旅馆时，服务员说的一句话让他终生难忘："We have no Chinese room"。这句话深深地刺痛着他，也激励着他作为一名中国青年励志报国的决心。之后的几年里，他努力学习、投身科研，在动力气象学领域取得重要成果。在新中国成立初期，他毅然回国，为新中国的气象学研究和气象预报做出了卓越的贡献。

同样，还有一生献给天文学、铸就"观天巨眼"的南仁东先生。2016年9月25日，在贵州大山的深坑里，一台口径达500米的大型球面射电望远镜，开始接收来自宇宙深处的电磁波。这一项目的发起者和奠基人、首席科学家、总工程师、"天眼之父"南仁东院士为了这一天，奋斗了20多年。20多年里，南仁东和他的团队足迹遍布云贵300多处喀斯特地貌的洼坑，克服了无数的技术难题，最终建成了世界上最大、最灵敏的单口射电望远镜——"天眼"，使得中国在射电天文学领域跨入世界前列。南仁东院士的最初理想在中国改革开放后综合国力日益增强的背景下得以实现。2018年10月15日，经国际天文联合会批准，国际永久编号为"79694"的小行星被正式命名为"南仁东星"，从此星空中

永远闪耀这个响亮的名字。（节选自《中国天眼 南仁东传》，有删改）

上面两个故事告诉了我们以下道理：第一，国家的治乱兴衰和个人的成败荣辱息息相关；第二，当我们把个人的追求融入国家发展的大局之中时，就会取得更大的成就。因此，对于任何的教育形式而言，培养家国情怀都应该是重要的培养目标。

■ 教育要培养真正的"问题解决者"

什么是"问题解决者"？这里通过两个例子来谈谈我的理解。北京因为疫情经历了几乎整整一学期的线上教学，2020年9月重新回到校园，我作为校长给孩子们讲了"开学第一课"。在回顾武汉抗疫艰难而又伟大的历程的时候，我们清晰地意识到王辰院士及其团队提出的防疫策略对控制疫情起到了至关重要的作用。从2020年1月25日除夕当天全国第一支援助武汉的医疗队出发到2020年2月5日的10天里，全国各地陆续派出了很多支医疗队到达武汉。但疫情难以遏制，感染人数不断增加，而且死亡率居高不下。直到某院士的团队到达，经过前期的调研和现场的分析提出了"方舱医院"的策略，传染率才得以控制，死亡率也降了下来。为什么呢？因为在"方舱医院"实施前，正规医院收治时不区分轻症和重症。可是正规医院的收治能力是有限的，于是只有一部分患者（既有轻症、也有重症）被医院收治，而没有被收治的患者有可能因为没有得到及时救治而死亡。同时，重症患者留在家里也造成了家庭和社区的聚集性感染，这就是死亡率和传染率都没有得到控制的原因。而"方舱医院"的策略实施后，把轻症和重症患者分开，重症患者送到正规医院集中救治，轻症患者则本着"应收尽收"的原则收治到比正规医院容纳能力大许多倍的由露天空地、体育场等改建成的方舱医院中，而不是留在家中。于是，正规医院能集中救治重症患者，这样死亡率就降下来了，而家庭和社区的轻症患者能及时转到方舱医院，也就及时切断了传染源，于是传染率也就降下来了。这个例子体现的就是解决问题的能力，即通过研究、分析问题，找准因果联系，提出切实有效的解决办法。

另一个例子是我们熟悉的世界天文史上"日心说"模型的提出。古人认为地球是宇宙的中心，是静止不动的，星球都环绕着地球而运行，即地心说。当行星的"逆行运动"与"地心说"明显矛盾的时候，托勒密提出了托勒密模型来解释。简单地说，就是引入"本轮"和"均轮"的概念。该模型在西方宇宙学中占据主导地位长达十几个世纪。然而，随着时间的推移，天文观测仪器不断地改进，对行星的位置和运动的测量越来越精确，人们观测到的实际行星位置与托勒密模型计算结果的偏差越来越大。人们只能增加额外的小本轮，以使预测与观测结果一致。到了1500年，添加的本轮数量超过了100个。而就在很多人还在原有解释路径上不断"卷"的时候，哥白尼却另辟蹊径，重新回到了在古希腊就存在的"日心说"。哥白尼重新引入了日心说模型，并且认为与托勒密模型相比，日心说模型更为简洁。他开创性地利用观测数据，计算出了日心说模型中真实的轨道周期和行星轨道的相对大小，从而使得人们对行星运动的认知豁然开朗。

这两个例子中的人们都展示出了一定的解决问题的能力，尤其是创造性解决问题的能力，这种能力就是教育的培养目标。

我们还需要解释"问题解决者"前面的几个形容词。"胸怀天下""有家国情怀""有责任感和担当"相对比较容易理解。当然，在不同情境下，其具体含义会有所不同，这里不做过多解释。那么，什么是"寻找和创造快乐"？这个很有必要展开解释。因为我们经常会看到很多孩子甚至是成年人，在外人看来很成功，但其实他们一点儿都不快乐。

快乐的人生应该具备三个关键要素：① 一项有成就感的事业；② 一项非功利性的爱好；③ 健康的心理平衡补偿机制。

一项有成就感的事业到底有多重要？我们先来看看下面这个男孩的经历。自我认识这个男孩开始，他就一直表现出开朗、总是乐呵呵的性格。他的家庭条件很好，人也大方，从小父母就对他非常宠爱。从高中开始，父母就给他规划好了未来的发展路径：出国读书，毕业之后回国进入自己家的公司，成长为接班人。这个孩子也很争气，考上了一所在美国排名前30的大学，四年之后顺利完成了学业。在父亲的要求下，他回到了自己家的公司。令人意想不到的是，不到半年，这个孩子坚决要离开父亲的公司，选择自己创立一家很小的咨询公司。父亲很不解，他却说道："我在您的公司一点儿都不真实，别人对我所有的尊重都来自您的光环，大家都在刻意地保护我，我根本得不到锻炼的机会，我每天过得都很慌。"这个男孩所开的咨询公司发展得很艰难，又赶上了疫情，最后不得不关闭。这时，父亲以为经历过创业的失败，体验过世间的冷暖，孩子会回心转意，回到自己的公司。结果再一次出乎父亲的意料，这个男孩没过多久就选择了再次创业，创立了一家跨境线上营销公司。这一次，他吸取了第一次创业失败的教训，更加稳重，也更加投入。经过两年的发展，他的公司已经初具规模，有着几十人的团队，发展蒸蒸日上。就这样，父亲只好暂时放弃了让他回自己公司接班的想法。

著名财经作家吴晓波在写给女儿的一封信里说道："你不是我的倒影，我也不是你的上一个车站。"是啊，父母即使能为孩子创造再多的物质财富，让孩子一辈子衣食无忧，也无法替代孩子获得事业上的成就感。那么，为什么某项事业的成就感对人如此重要？因为它不仅是我们收入的来源和生活的物质基础，更重要的是，它能让我们意识到自己对他人和社会的价值，它让人内心有一种踏实的安全感。无论这项事业大还是小，只要能让人实现并感受到自我价值，那它是人生快乐的第一个重要基础。

除了一项事业的成就感以外，一项非功利性的爱好对于感知并创造快乐也是必不可少的。什么是非功利性的爱好？这种爱好不是用来赚钱谋生的，纯是兴趣使然。一项非功利性的爱好，至少有三个重要功能：第一，它会成为一个人很好的社交打开方式。当参加某项活动或者在某个场合遇到陌生人时，如果有艺术方面的爱好，很容易找到共同的话题。关于这一点，我感受颇深。得益于小学6年级打下的排球底子，每次去海边度假的时候，我都会凑上去和不认识的游客一起打沙滩排球。印象最深的是在斐济酒店的海滩上和几个外国游客一起打沙滩排球，结识了一个来自智利的年轻人，后来我们成了朋友，他给我讲述了很多关于南美的情况。所以，对于很多学生，尤其是不太善于社交的学生而言，如果能有一项自己的爱好，将会让他们跟陌生人"破冰"时更加自信，也更加自然。第二，一项非功利性的爱好，能让人们在紧张的学习和工作之余获得某种放松。孩子学习学累了，去打一场网球，或者去弹弹吉他，或者是随便地画画、写写毛笔字，都能帮助他们从紧张的学习中解脱出来，让身心得到恢复，仿佛充满了电。更值得一提的是，这样的放松往往能在他们重新投入学习或工作时激发灵感。对很多成年人来说更是如此，很多成年人在工作之余，很多时候都不知道该做什么、能做什么，除了刷视频和发呆，似乎别无他选。这样的生活方式显得尤为枯燥，既不能有效地为工作放松充电，也无法体验到投入一项兴趣带来的快乐，以及因共同兴趣爱好与人群互动产生的愉悦感。第三，非功利性的爱好具有一项至关重要的功能，那就是帮助人们更好地面对孤独时的自己。正如马尔克斯在《百年孤独》中所言：人终将面对孤独。无论我们的生活多么热闹，当一切繁华落尽，我们都不可避免地要面对孤独，需要妥善安置自己那颗孤独的心。然而，如果我们能培养出一项非功利性的爱好，就会发现这种孤独其实并没有那么难以承受，它往往会赋予我们勇气和力量。我记得自己是在2020年春天开始喜欢上跑步的，那时候疫情让大家处在相对隔绝的状态，学校暂停了线下教学，校园里空无一人，我作为校长每天都在期盼着疫情能够早一天过去，学校能早一天复学，承受着巨大的心理压力。于是，我就开始独自跑步，跑步能让我暂时忘却这些烦恼。在那段鲜有人烟的日子里，无论是早晨的阳光或是傍晚的彩霞，每一天都在发出新芽的树木，还有越来越响亮的鸟鸣，都让我觉得不再孤独。

除了追求某项事业并获得成就感，我们还需要学会培养一项非功利性的爱好，并借此建立一套健康积极的心理平衡补偿机制。在顺境时，非功利性爱好的意义或许不那么明显，但人生不如意事十之八九，很难总是一帆风顺。当遭遇委屈、挫折、损失等困境时，就需要心理补偿机制来发挥作用了。关于心理补偿机制的定义，以及如何建立积极的心理补偿机制，本书第六章将进行详细的介绍。

如果我们能坚守教育的长期目标，那么或许就能减少对教育的急功近利期待，从而使我们在培养孩子的过程中走得更加坚定而从容。最后，想用一句话作为本章的结束："What's the rush if we are building something for the eternity?"（如果我们是在为永恒建造一些东西，那又有什么着急的呢？）

第二章

父母需要新的"唤醒"方式

传统模式：强制 + 劝说 → 服从

新的"唤醒"模式：爱 + 信服 → 驱动力

> 当下越来越多的家长发现他们对孩子，尤其是进入青春期之后的孩子的"影响力"越来越弱。而这种教育"无力感"背后的深层次原因是：教育影响孩子的方式变了，但绝大多数的家长却没有跟上。

可怜天下父母心

父母没有不爱自己的孩子的。这份爱，时常化作父母攻克难关的信念，成为他们无私奉献的强大驱动力，他们的付出无不令人深感动容。

有位从事企业培训的朋友，他的孩子在北京一所私立国际化学校就读小学。自2020年疫情以来，也就是孩子三年级起，他的生意遭受了重创。在疫情与经济形势的双重打击下，公司业务难以开展，同时还需要承担高昂的人员成本。更为棘手的是，众多应收账款因疫情影响而迟迟无法收回。尽管这位父亲竭力通过开源节流来维持生计，却依然难以按时缴纳孩子的学费。他也曾考虑过让孩子转学到普通公立学校，但每当看到孩子在校园里快乐成长的身影，便不忍心打断她的学业进程。因此，他多次向学校申请延期支付学费，就这样，他断断续续地凑足了孩子的学费，心里总是默念着疫情终将过去，一切都会好起来的。然而，疫情从2020年一直延续到了2022年。在这段时间里，他无数次地向学校申请延期缴费，但每次到了约定的延后缴费时间，却只能无奈地继续请求延期。尽管学校能够理解他的困境，但作为一所自负盈亏的私立学校，疫情期间同样面临着巨大的压力。他深感不好意思，但为了孩子的学费，他不得不硬着头皮在各个城市之间奔波催款。在众人皆因害怕感染而避免出差的时候，他却没有选择的余地，只能勇往直前。终于，在2022年春天那个封控最为严重的时期，他一个人走在首都机场T3航站楼，看着空空如也的机场，再也绷不住了，含泪写下了下面的文字："北京机场每天的旅客总计不到4000人，深圳机场也没什么人。深圳的年轻人也是满脸的疲倦感……女儿学费的事，我已经努力了，还在等深圳客户的汇款，还需要一点点时间……"作为一个男人和一名父亲，他几乎要被生活的磨难打倒，但对孩子的责任感却一直是他继续前行的动力。

当"爱"已成压力

很多时候，父母的爱是极为纯粹的，他们仅仅希望自己的孩子能够开心快乐地成长。然而，也有不少时候，父母的爱中会掺杂着过度的期望。对于这种过度的期望，父母往往会以"都是为了孩子将来的好，孩子以后会理解的"或是"我人生中未能实现的目标和遗憾，希望孩子能帮我达成"等理由来自我宽慰。

5年前，我曾经遇到过一对母女。孩子是北京某知名公立学校国际部的学生，而母亲则是一名全职主妇，母亲的生活完全围绕着孩子转。孩子自高一起，便在班级中崭露头角，学习刻苦认真。与此同时，母亲也未曾停歇，从孩子高一开始便着手准备出国升学的相关事宜，她潜水于各种家长群，搜集自认为最有用且高效的信息。每当听到哪位老师TOEFL听力教得好、哪位老师教SAT阅读有独到之处等信息，她都会亲自探访了解，然后为孩子报名相关课程。从TOEFL学习到SAT学习，再到后期的留学申请规划，她频繁穿梭于海淀黄庄——这个当时培训产业繁盛、被家长戏称为"宇宙中心"的地方。当孩子希望与班里同学一同报名某门课程，而这门课程并非母亲所认定的"最高效"选择时，孩子的意愿总是被拒绝。

这位母亲在专注于孩子学习的同时，还十分注重孩子的营养健康，每天都会为孩子准备午饭，或是先到孩子挑选的餐厅打好饭菜，孩子课间休息时，母亲早已备好了自己泡制的枸杞红枣水。孩子只需专心学习，其他一切事宜均由母亲代为打点。然而，这位母亲却忽视了孩子的社交情感需求。

这样的"合作"表面看来一直颇为顺利，孩子也按部就班地进行着出国留学的各项准备。然而，在孩子最后一次SAT考试成绩公布后，情况发生了变化。尽管孩子的成绩在外人眼中已相当出色，阅读（Reading）380分（满分400分），写作（Writing）380分（满分400分），数学（Math）800分（满分800分），但母亲见到孩子的第一刻，并非给予表扬，而是质问道："为什么写作错了一道题，没能考满分？你们班的×××写作都考了满分！"那一刻，孩子终于无法忍受，放声大哭，对着母亲喊道："我太累了，别再逼我了，我一点都不快乐。平时别人怎么看我或者对我失望，我都可以不在乎，但你是我妈妈，我知道你为我付出了很多，所以我努力不让你失望，可我真的不快乐，我感觉被压得喘不过气来。"我目睹了孩子情绪崩溃的瞬间，也看到了那位母亲在那一刻的惊愕与无措。自那以后，我再未见过这对母女，也不清楚她们后来的相处方式，但我衷心希望那一刻能成为她们关系转变的一个起点。

其实，那位母亲最大的问题是没有深刻地认识到：无论是付出爱的人还是被爱的人，都不是对方的附属品。付出爱的人应该把爱的对象视为独立的个体，尊重其独立性和成长过程。倘若忽视这一点，一味按照自己认定的"正确"或者"为他好"的方式行事，便显得有点"自恋"了。正如诗人纪伯伦《先知》一书中论述子女教育的诗中所批判的那样：

你的儿女，其实不是你的儿女。
他们是生命对于自身渴望而诞生的孩子。
他们借助你来到这世界，却非因你而来；
他们在你身旁，却并不属于你。
你可以给予他们的是你的爱，却不是你的想法；
因为他们有自己的思想。

血缘与照顾抵不过精神层面的共鸣

人类是一种颇为奇妙的生物，有时相处了十几年、拥有血缘关系的亲人之间的信任和依赖，竟不及相识仅数日却能产生精神共鸣的陌生人。若父母仅仅一味照顾孩子的生活起居，而忽视了孩子思想的变化，缺乏意识或方法去与孩子进行深层次的精神交流，那么孩子的心很容易就会被其他能够与之共鸣的人吸引。人的心灵并非空白，若父母不去主动争取与孩子建立精神上的联系,这份联系便很可能被他人占据。

我曾经遇到过一位父亲,他是一家企业的董事长,平时工作很忙,经常在外出差,应酬也多。家里有一个女儿和一个儿子,自己的妻子全职照顾两个孩子的学习。这位爸爸虽然平时很少在家,可是对女儿很溺爱。女儿的事,他都格外上心,女儿有什么要求,他一定尽力满足。从小到大,他都是利用自己能够动用的人脉,尽量为女儿安排好的资源。他一直觉得自己和女儿的关系很融洽,自己是个好父亲。

在准备中考期间,女儿常常感到学习吃力,心理压力巨大。每当向父亲倾诉时,父亲总是说:"我们没有给你任何压力,你不用担心。"就这样,女儿痛苦地度过了中考备考阶段,最终考试成绩并不理想。不过,父亲通过个人关系让女儿进入了一所高中就读。一切看似平静如初,家里的司机会每天接送女儿上下学。然而,一段时间后,学校注意到这个孩子总是间断性地请一天病假,便主动联系家长关心她的身体状况。起初,父母听到女儿"因病"缺席了好几天感到非常惊讶,虽然女儿确实生过病也请过病假,但天数没有那么多。直到面对缺勤记录,父母与女儿对峙时,真相才浮出水面:原来女儿利用学校发给家长使用的请假链接,瞒着父母间断性地请病假。虽然司机每天都会送她到学校,但等司机离开后,她并没有进校门,而是自己"消失"了。学校看到是"家长"通过链接请假,便将学习资料发给学生;而家长则以为司机已经把孩子送到学校了。孩子却在这"消失"的一天里,去做了自己想做的事情。

在父母的逼问下,女儿说出了部分的实情:女儿跟自己的一个女性朋友待在一起。当父母问为什么不去上学而要跟朋友在一起时，女儿回答说："和她在一起的时候，自己会觉得比较舒服。"女儿说自从初三开始，自己的压力就很大，多次想让父亲带自己去看心理医生，可是父亲总是说"你不可能有心理问题"。

  交谈接近尾声时，女儿终于向父亲袒露了内心的真实想法。她对父亲说："虽然你为我提供了许多生活上的便利，但我并不喜欢你。你经常不在家，回来时又常常醉酒。你和妈妈也总是争吵……"听到这些话，父亲瞬间崩溃了。他从未料到女儿对他的印象竟如此糟糕。这些年来，他一直视女儿为掌上明珠，对她的要求总是尽力满足，用自己的能力和资源为女儿提供最好的一切。他虽不奢望女儿能理解他作为家庭支柱在外工作的压力和艰辛，但至少希望女儿能喜欢他。然而，女儿内心的想法却从未与他交流，甚至与他在精神层面的距离越来越远。回想起自己对家庭和女儿多年的照顾与付出，再对比女儿此刻的话语，父亲不禁感到一阵困惑。

  让他不明白的是：为什么女儿宁愿跟一个外人敞开心扉，也不愿意与自己分享心事？为什么深厚的血缘关系和持续的照顾，竟抵不过短暂的精神层面的交流带来的亲近感？

教育影响孩子的方式变了，但许多父母却没有跟上

  当下，越来越多的家长发现，他们对孩子，尤其是步入青春

期孩子的"影响力"越来越弱。这种教育上的"无力感"背后,实则隐藏着深层次的原因:教育方式对孩子的影响模式已经转变,而绝大多数家长却未能及时适应这一变化上,如下图所示。

传统的教育模式用公式可以概括为:强制+劝说=服从。其隐含的前提是"我为了你好,你就得听我的"。然而,在教育实践中,我经常听到许多父母抱怨,这种曾经在他们自己身上频繁使用的传统教育方式,如今在孩子身上已经很难奏效。身为父母,他们似乎很难再拥有那种天然的"权威"。那么,面对这种情况,家长究竟应该如何应对呢?

通过前文的论述,我们已经清楚地知道教育的对象——我们的孩子,发生了改变,这就倒逼我们的教育方式也得跟着改变。那什么样的教育方式才能起到真正的"唤醒"作用呢?在下图的右侧,我们看到了一种新的公式:爱+信服=驱动力。"爱"似乎是容易理解的一个必要条件,尤其是现在的孩子防备心理都很强,"爱"是一个能让他们感觉到安全的前提。但是要注意,

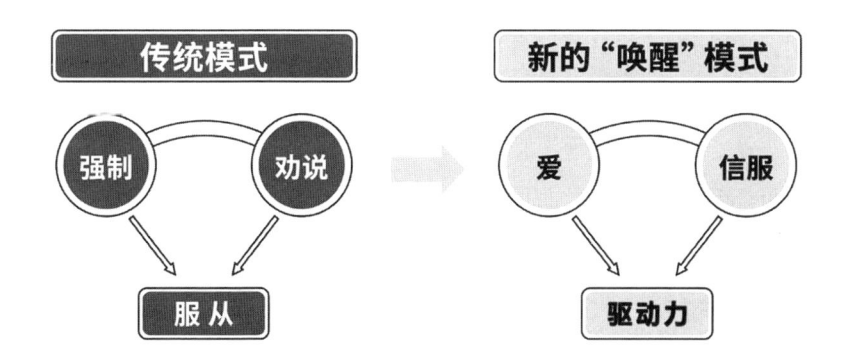

传统模式: 强制 + 劝说 → 服从

新的"唤醒"模式: 爱 + 信服 → 驱动力

这里的"爱"必须是"无差别的爱",而不能是"有功利心的爱"。什么是"无差别的爱"?比如,我们一定要避免对孩子说"因为你考试得了100分,妈妈特别爱你"这类的话,因为这就是一种有差别的、带有功利心的爱。父母应该让孩子们感觉到无论表现如何,父母都深爱着自己。而且,这种爱是可以给孩子"兜底"的,在孩子一时感到无力、挫败的时候,能有一个避风的港湾。

在正面管教创始人简·尼尔森（J. Nelsen）的著作中,"坚定而和善的爱"被置于第一课的重要位置,其中便强调了"无条件的爱",其重要性由此可见一斑。事实上,几乎所有坚信正面管教理念的教育专家,在他们的著作中都无一不强调"无条件的爱"的关键作用。

虽然从理论层面探讨这一点似乎非常简单,许多人可能会想,这有什么难以理解的呢?然而,在实际生活中,作为有着亲身经历的父母和教育者,我们会发现日常实践极具挑战性!我们很少能遇到那种能够完全放下自身情绪,始终坚定而和善地面对孩子的父母。毕竟,父母也是有血有肉的人,即便他们的爱再伟大,也难以完全超越自身情绪的需求。例如,当一个单亲妈妈为了孩子倾尽所有,每天疲惫不堪时,面对一个不断发脾气、叛逆的孩子,她真的能毫无脾气吗?当一个妈妈为了孩子放弃了自己本可能辉煌的事业,而孩子却未能如她所愿成长时,她真的能欣然接受这一切,毫无怨言吗?当父亲为孩子付出了无数辛勤劳动,却换来孩子屡教不改、做出越界行为时,他真的能说出"不论发生什么,我都爱你"这样的话吗?因此,做父母真的是一场身心的修行！当父母表示他们理解那些理论，也都尝试了，但效果不佳时，我建议他们反思一下：自己是否真的做到了。我们所谓的"无条件的爱"，是否真的做到了"无条件"？

"信服感"来自哪里？它来自两个方面：第一，作为教育者的父母自身的"成功"。这里的"成功"并非指父母事业的大小或职位的高低，而是指他们能够热情地投入到自己喜欢的事情中，并全力以赴地做好。这是建立"信服感"的第一个前提。正如任课老师要想教育学生，首先得把自己的专业课备好讲好，否则学生就会质疑："老师连自己的课都讲不好，有什么资格来教育我？"同理，如果父母的工作和家庭人际关系一团糟，孩子们看在眼里，就很难对父母产生"崇拜"感，这也将导致父母对孩子的教育难以让人信服。第二，"言行一致"。也就是说，父母告诉孩子的道理，自己首先要做到。我曾多次被家长咨询，因为他们的孩子每天沉迷于手机或其他电子产品。在询问中，我向他们提出了几个问题：你们平时下班回家后，有多少时间是用在刷手机上？一家人聚餐时，能否放下手机，专心吃饭和面对面交流？周末是否会选择不宅在家里玩游戏、看视频，而是陪孩子们一起读书或外出运动？听到这些问题，家长显得有些汗颜。

身体力行的效果往往是惊人的，但身体力行面临的挑战也是惊人的。这就意味着父母必须在大多数时候让孩子相信自己传递的价值观和理念，并且这些价值观和理念在日常生活中得到了实践。随着时间的推移，孩子对父母的信服感就会逐渐建立起来。

拥有"爱"与"信服感",父母对孩子的教育便有了驱动力。然而,真正的"驱动"可能尚未显现,或仅处于蓄势待发的状态,直到孩子真正遇到自己感兴趣的事物时,这股力量才会真正被激发。当然,许多家长会觉得这对他们来说是一个巨大的挑战。确实如此,为人父母绝非易事,特别是对于Z时代成长起来的孩子的父母而言,更是难上加难。教育变得越来越像农业,如同在泥土中播种,需要耐心与细心。但换个角度来看,如果我们不把教育孩子视为一项沉重的任务,而是将其视为一场自我成长、追求有意义且快乐人生的修行,那么或许它并没有那么艰难。这不禁让我想起了若干年前自己的一段亲身经历。

2017年春节假期,我在斐济的一艘从外岛驶向主岛的游船上遭遇了海上降雨,便躲进了船舱,找了个窗边的座位坐下,恰好对面坐着一位外国女士。这位女士五十多岁,最引人注目的是她脖子上戴的鸡蛋花编织的鲜艳花环。由于航程较长,我们自然而然地聊起了天。在交谈中,我得知她是一名来自美国密歇根州的医务工作者,刚刚和她的丈夫及其他几位志愿者从斐济外岛返回,结束了数周的志愿医疗服务。斐济外岛的饮用淡水非常缺乏,当地的居民经常因为饮用不卫生的水而患腹泻或者其他消化系统疾病,这位女士和她的朋友在过去几周里为许多患者提供了免费的治疗,而她身上的鸡蛋花就是当地居民送给他们的临行礼物。这个时候,我环顾周围,才发现另外6位志愿者身上也戴着同样鲜艳的鸡蛋花。她告诉我,他们的下一站是汤加,会继续他们的志愿服务之旅。我好奇地问她:"您不用工作吗?"她回答说,她和丈夫现在每年会在密歇根工作4个月以保留社保,其余时间则与一群志同道合的志愿者在世界各地提供公益医疗服务。我接着问："您和先生的孩子不会想念你们吗？"她笑着开玩笑道："他们不想。"然后认真地说道："我们有四个孩子，最小的今年刚刚上大学，他们都已成年，不需要我们照顾了。我和丈夫建了一个个人网站，每隔几天就会上传旅行途中的照片，孩子们会定期查看。他们会看到我们都很好，也会看到我们在帮助世界上需要帮助的人。我们以这种方式过着快乐而有意义的生活，相信孩子们也会深受影响。"这位女士面带微笑地跟我分享着这些经历。渐渐地，海上的雨停了，太阳出来了，海面上出现了一道彩虹，透过窗户看过去，格外地耀眼而舒适。而我，整个旅途中，脑海中一直在回味着她与我分享的故事。

多年的教育从业经历让我深刻认识到，学校不仅要专注于学生的教育教学工作，引导学生成为学习型社区的积极参与者和建设者，还应当为家长搭建平台、营造氛围，鼓励他们成为终身学习理念的践行者。2021年底，我牵头成立了"家长学院"，旨在为家长提供涵盖"综合素养提升""升学规划指导""亲子沟通技巧"等多个模块的课程。此外，我们还组织了家长工作坊和读书会等活动，为大家创造相聚学习的机会，共同促进家庭与学校的和谐发展。让我印象最深的是2023年底举办的一次读书会，几百名家长一起读一本书，每天大家把自己的心得感悟分享在群里。其中，让人印象最深的一段话是：

从和大家一起读书开始，我的第一个变化是作息更有规律了，每天会尽快把其他事情处理完，就想着拿出一段时间读书；第二个变化是孩子会感兴趣地问我读的什么书？我会把一些心得分享给他,然后跟他交流讨论;第三个变化是孩子看到我安静地读书,他也拿起自己的书去读了。我觉得这种潜移默化的力量比我以前的说教效果好很多。

同我一样,越来越多的家长开始意识到:孩子不会变成你希望的样子,孩子只会变成你的样子!

父母在脆弱时的担当是唤醒孩子最好的"良药"

作为父母,大多数倾向于不向孩子透露自己工作上的挫败或困难,以免孩子担忧或家庭困境给孩子带来负面影响。这样的心情固然可以理解。然而,当家庭遭遇重大变故,且孩子已不再是懵懂儿童时,适度地向孩子展现父母的艰难与脆弱,或许能产生意想不到的激励效果,尤其对于长期处于学习动力不足状态的孩子来说,这样的做法可能激发他们的内在动力。

在面试一组家庭时,我注意到一名10年级男生的简历颇为特别。他在9年级之前的学习成绩并不理想,但从9年级起,他的学习表现有了显著的提高,同时,他的活动参与度也大幅提升。出于好奇,我首先询问了这名男生背后的原因。他告诉我:"以前,我沉迷于游戏,每天要花3~4个小时在游戏上,对学习缺乏动力,对很多事情都提不起兴趣。直到有一天,爸爸告诉我他的公司破产了,需要频繁往返天津和上海。他提议我没事就跟着他去。在那段时间里,我跟爸爸去了上海,目睹了他如何被债权人刁难，又怎样努力与他们沟通。那一刻，我突然意识到自己以前太不懂事了，完全不理解父母的辛苦。从那以后，我就戒掉了游戏，开始专心学习，并通过参加各种活动来填补不玩游戏的空缺。慢慢地，我的整体精神状态也有了很大的改善。"还没等提问，男孩的爸爸就说道："我的公司确实因为一些原因破产了，但我对我的所有债权人承诺，他们的钱我一定会一分不少地还上！经过一年多的努力，我把债务都处理完了。我告诉儿子'做人要讲信用，要有担当！'"

看着这位爸爸和这个男孩，我在想：这不就是最好的言传身教吗？这位父亲在困境中展现出的坚韧与责任感，不仅拯救了自己，也唤醒了孩子的内在动力，更让整个家庭重获新生。

父母的动力来自哪里

有的家长会问，既然教育孩子如此费心费力，唤醒孩子的内在动力又如此艰难，那我们为何还要坚持这样做？父母持续投入的动力究竟源自何处？其实，我们可以换个角度思考：如果我们不这样教育孩子，无法激发孩子的潜能，那么孩子可能会遇到各种各样的问题；对于已经出现问题的孩子，如果我们无法唤醒他们、帮助他们，那么他们的问题只会日益严重。正如一句流行却真实而残酷的话所说："如果父母觉得教育孩子太苦太难了，那么请想象一下不教育孩子的后果有多么严重！"

然而，反向思考这个问题，往往会给人带来一种"被迫无奈"的感觉。考虑到人类天生具有的"生存节俭基因"，即便意识到某些事情可能存在潜在风险，人们往往还会因惰性（或某个阶段的惰性）而不愿投入精力去应对。然而，这种"被迫感"显然不足以成为父母探索和实践新的"唤醒方式"的持续动力。我们需要从正面思考，或者协助一些父母找到这份持续前行的内在动力。

其中，一个思考角度是"投资回报"逻辑。其实，从"投入－产出"或"成本－收益"的角度来分析，任何事情都是人之常情，无须避讳。父母期望将孩子培养得优秀，期望他们能省心、少惹麻烦，未来能考入好大学、找到好工作，从而减轻父母的负担，甚至回馈家庭。同时，也希望孩子长大后能孝顺，能陪伴和照顾老年的父母。这些都是家长十分自然且正当的想法，无可厚非。然而，若将"投资回报"作为主要的动力源泉，就可能让父母产生强烈的"付出感"，这种"付出感"不仅可能给孩子带来压力，还可能对亲子关系造成困扰。

我认识的一名女生的家庭经历引发了我深刻的思考。她的母亲对她极好，高中时为了陪她补课，总是形影不离；为了激励她学习英语，母亲甚至也会与她一同背单词。女儿考入北京大学后，母亲不惜驱车数小时来京，只为给女儿过生日或送些美食。女儿毕业后，母亲担心她生活费不够，定期汇款。一切看似和谐，但不知何时起，母亲频繁要求女儿接待老家的朋友，即便女儿工作繁忙，母亲也坚持让她抽时间接待。若两三天未打电话回家，母亲便会追问。聊天时，女儿稍有不悦，母亲便发脾气，甚至会说:"我就你这一个女儿,我什么都可以给你,现在还没让你养我呢,你就开始嫌弃我了!"女儿念及母亲的付出,总是耐心解释,安抚母亲。然而,母亲的要求却层出不穷,如让女儿假期尽量回家,或时不时来京同住,陪女儿逛街。虽然经济上不给女儿负担,但母亲渴望女儿的陪伴,希望女儿提供情绪支持,并按母亲的意愿行事,忽视女儿的感受。女儿虽试图理解母亲即将退休且自己是独生子女的处境,但内心仍然深感痛苦。

这或许就是父母的"投资回报"式思维可能导致的情形。尽管从这位母亲的角度来看,她对孩子付出并不期望任何经济上的回报,但实际上,无论她是否承认,内心都存在着强烈的"付出感"。这种"付出感"使她不自觉地期望女儿能以相同的方式回馈她。当女儿的行为未能达到她的心理预期时,她就会变得异常敏感,而这种敏感给女儿带来了极大的苦恼。

那么,父母为何愿意像农夫播种一样无私地为孩子付出呢?这种动力究竟源自何处?前段时间,我与一位多年未见的好友相聚,她的言谈让我深受启发。记得十多年前,这位好友还是"不生孩子"理念的坚定支持者,而此次重逢,她却告诉我,她的女儿已经10岁了。我听后颇为惊讶,但更让我诧异的是,这位曾经完全不爱运动的宅女,如今竟已成为深度瑜伽爱好者和登山爱好者。我满怀好奇地聆听她细述自己的经历:在孩子4岁那年,她和丈夫送孩子去学体操。起初,孩子因怕疼而动作不规范,教练教学也倍感吃力。作为母亲,她既心疼又焦急,有时在教练示范时,她也跟着学习,打算回家后能辅助指导孩子。一次,她练习时被教练注意到，并夸赞她动作标准，鼓励她继续练习，坚信她能学好。虽不确定教练是出于客气还是真的看到了她的潜力，但为了给孩子树立好榜样，她听从了教练的建议，开始正式练习。后来，她报名参加了瑜伽课程，并且一接触就深陷其中，从未间断。她之前从未想过，自己这个起初连单腿站立都摇摇晃晃的人，竟能完成燕式平衡等高难度动作，甚至能和女儿同台表演。同时，女儿热爱户外登山，她也时常陪伴，尽管已跟不上女儿的步伐，但她仍乐此不疲，享受与女儿并肩登山、促膝长谈的时光。用她的话来说，她非常珍惜与这位让她生命焕发新生的"好朋友"共度的每一刻，从此不再畏惧时光的流逝和年华的老去。在女儿身上，她仿佛看到了自己的影子，而那影子更加丰富多彩。

实际上，父母与孩子之间最理想的关系犹如"独立而又相互映照的湖水"。所谓独立，是指尽管孩子由父母所生，但自诞生之日起，他便是一个独立于父母的个体。父母并非孩子的全部依靠，孩子也绝非父母的附属品。这一点，许多家长尚未真正领悟。诸如"我能一辈子保护我家孩子，我辛苦积攒的财富足以保障孩子一生无忧"或"我未竟的理想需由孩子来完成，我生命中的遗憾期待孩子去弥补"等观念，均有所失当。它们忽视了父母与孩子关系中应有的独立性与边界感，这无疑会在子女教育中埋下隐患。与此同时，父母与孩子之间又存在着紧密的联系，宛如"相互倒映的湖水"。孩子是父母生命的镜像，承载着父母的诸多特质，让父母感受到青春与生命的延续。这种镜像有时还会展现出令人愉悦的新色彩。例如，有位原本对电子产品不感兴趣、对计算机和信息技术领域颇为生疏的父亲，在发现儿子擅长此道时，倍感欣喜，内心的恐惧也随之减轻。另外，孩子的成长亦会映照并影响父母的生命轨迹，正如那位练习瑜伽的母亲体会到的生命重启与不再恐惧岁月流逝的转变。

倘若我们的父母能够认识到并寻获到这种"独立而又相互倒映的湖水"带来的舒适感，那么我们也就找到了教育孩子的真正动力。我们会意识到，生育并教育好孩子，并非仅仅为了家庭的稳定，也不是为了得到孩子日后的回报，更不是出于自己年迈时需要孩子照顾和陪伴的考量（尽管这些可能会随之而来，但它们不应成为初衷）。我们之所以这么做，仅仅是因为我们珍视并享受着那种"相互倒映"的美好感觉。

第三章

培养孩子的"时令"

孩子们的成长也是一场不可逆的生物运动，不同的阶段由于生理和心理特点的不同，我们培养的侧重点也应该有所不同。具体而言，孩子在成长中会有不同的关键期，理解并运用发展的关键期，可以让家长在养育过程中达到事半功倍的效果。

人生是一场生动而真实的生物运动，而非机械运动。机械运动遵循固定的条件和规则，无论何时重复进行，总会得出相同的结果。然而，在生物运动中，即便条件和规则相同，不同时间点上的结果也可能截然不同。孩子的成长正是这样一场不可逆的生物运动，其各个阶段因生理与心理特征的不同，要求我们培养的侧重点也应有所差异。

具体而言，孩子在成长过程中会经历多个关键期。家长若能理解并把握这些发展的关键期，便能在养育过程中取得事半功倍的效果。

2岁前：父母的爱抚是最好的营养

我有一个好朋友，他的工作需要频繁出差。他告诉我，如果行程安排紧密，需要连续前往几个城市，他总会在完成一站任务后先返回北京的家，看望自己1岁多的女儿，然后再启程前往下一个城市，只为能多陪伴女儿一些。此外，他还与我分享了一个自孩子出生一年多时间里，他感到特别兴奋的发现：每当他和爱人都在家，与孩子一起互动玩耍时，孩子似乎长得特别快。

这让我想起了瑞士著名的心理学家、哲学家皮亚杰的"认知发展阶段理论"。在0~2岁的感知运动阶段，手的抓取和嘴的吮吸是儿童探索周围世界的主要手段。也就是说，这个阶段的儿童用自己最直接、最简单的方式触碰着陌生的世界，通过与物体的接触获得经验和知识,通过与亲人的触摸感知人类的情感。

因此,家有0～2岁宝宝的家长,请尽可能抽出时间陪伴自己的孩子吧。尽管宝宝们的哭闹有时会让人感到烦躁,但他们每天都在以令人惊叹的方式成长变化,这一切定会让所有的疲惫都变得值得!

2～6岁:尽情地"玩耍",尽情地"想象"

1981年,美国医学博士佩斯里提出了左右脑分工的理论。佩斯里提出的观点颠覆了传统看法,他指出左脑主管身体右侧的感官知觉和控制活动,负责抽象思维;而右脑主管身体左侧的感官知觉和控制活动,负责具体形象思维。这一认识与传统观念中左脑为优势脑、右脑为劣势脑的观点相悖。随后,该发现获得了诺贝尔奖。尽管后来有部分研究表明左右脑的分工并非那么严格,它们在执行各自分工时也是密切配合的,但左右脑分工的理论对孩子的教育仍然是有指导意义的。众多研究已经证明,儿童的右脑发育是先于左脑的,儿童在7岁之前都是以具体的形象性的右脑思维为主。一些父母可能会注意到一个现象:2～6岁的孩子总是迫不及待地伸手触摸各种颜色和形状的物体,但这些东西本身是什么,孩子们也丝毫不会考虑。所以,父母如果能在孩子右脑发育较快的年龄阶段有意地去培养孩子对图像、具体物体、具体的运动形态（如动作、声音等）的触觉、听觉等感知能力，不仅有助于促进孩子的想象力的发展，也有助于对孩子专注力和情绪感受的培养。

具体来说，家长可以多带孩子接触自然，让他们感受山川草木的形状与色彩之美，聆听动物与鸟儿的悦耳叫声，以及在花园的地面上仔细观察那些星罗棋布的鹅卵石图案。在家中，也可以鼓励孩子独自或与家长一起听音乐、画画、拼接或拆装积木和拼图等。在这个过程中，家长应多倾听孩子的言语，关注他们所提的问题。值得注意的是，面对孩子的问题，不必急于给出"标准答案"，而应鼓励孩子多思考，自己寻找答案。对于孩子那些看似不着边际的语言或天马行空的想象，除非存在安全隐患，否则尽量不要轻易纠正。如果在儿童发展的这一关键阶段，家长无意识地阻碍或中断了孩子的感官和感知力的发展，比如，因嫌累或嫌脏而不让孩子爬行、玩沙子或泥巴等，这可能会对孩子的后续成长状态和发展产生不良影响。例如，在小学课堂上，我们可能会观察到一些孩子吃铅笔、抠戳橡皮等行为，这些很可能就是因为在婴幼儿时期，他们的感官和触觉没有得到充分的体验和发展导致的。

然而，有一种不当的培养倾向值得注意，那就是过分强调记忆力，并将其视为衡量孩子智商的首要标准而过度训练。回想前些年，我们时常听闻诸如"4岁孩童能背诵圆周率至小数点后100位""5岁幼儿能全文背诵《滕王阁序》"等神童事迹，但如今，这些孩子的消息似乎已渐渐淡出公众的视野，或许他们已回归到平凡之中。当然，这并不意味着在此阶段完全忽视孩子的记忆与运算能力培养，实际上，通过如学习国际象棋这样的活动，既能有效锻炼孩子的形象思维能力，也能促进其抽象思维的发展，是一种值得推荐的方法。

总之，当孩子步入这个能够开口说话，描述并表达他们所见、所闻、所感的奇妙世界，与父母展开美妙语言交流的阶段时，我们应给予他们一种轻松愉悦的环境去"玩耍"，鼓励他们大胆想象。同时，应着重培养他们初步的专注力与情绪感知能力，让他们乐于与周围的小伙伴一同玩耍。至于其他更复杂的培养内容，还为时过早。作为父母，我们应当耐心地等待孩子的自然成长，静待花开。

7～12 岁：美妙的学童起步时代

对于孩子而言，如何顺利开启他们学生生涯的第一阶段至关重要。在这一阶段，他们需要完成小学生良好习惯的培养、学习信心与乐趣的激发，以及规则感的建立等任务。在这里，我提出五点建议。

■ 让孩子建立起明确清晰的是非观念

如果说7岁之前的孩子尚处于懵懂阶段，那么进入小学阶段后，就应当逐步帮助他们树立起行为规范和明确的是非观念。

特别是是非观，若在这个阶段未能建立，日后可能会更加难以形成。

几年前，我在一家餐厅吃饭，听到旁边坐的几个年轻人聊天，他们谈话的内容让我惊讶。这几位年轻人不仅表达了未来不想要孩子的想法，而且表达了对儿童的"厌恶"。

对于他们不想要孩子的想法，我还勉强能理解，但表达这么强烈的"厌童"情绪，确实让我有点儿疑惑，这也是我第一次知道社会上有一种"厌童"情绪。后来，我查阅了一些资料，这种情绪最早出现在韩国，有相当多的餐馆明确标出"No Kids Zone"（儿童禁入）的标识。后来，这种情绪逐渐蔓延到了国内。

探究其背后的原因，除了观念差异，社会上普遍存在的"熊孩子"现象是一个重要因素。"熊孩子"问题的根源主要有两方面：一是孩子缺乏行为规矩，甚至一部分孩子完全没有正确的是非观，或是持有扭曲的是非观；二是父母自身缺乏正确的是非观，或是虽然明白是非却选择纵容孩子。父母纵容孩子的原因，除了价值观导向，往往还出于"孩子还小，心智不成熟"的心理。这种思想的本质在于将"道德问题心理化"，即忽视了行为意图的对错，过分强调心理需求。实际上，我们可以将这两方面分开看待：当孩子行为明显带有恶意或恶作剧时，应明确指出其行为的对错，并告知可能给他人带来的伤害或困扰；而在决定如何让孩子承担其行为后果时（如批评或惩罚），则需要考虑孩子心理需求未得到满足的因素。这样既能保护孩子，又能帮助他们树立正确的是非观，防止将来犯下更严重的错误。

■ 培养孩子"自信的探索欲"

在这个阶段，父母应避免为孩子设定限制或预先规划发展路径，而是应鼓励他们广泛接触、阅读和涉猎不同领域的知识，如数学、科学、手工、音乐、文学等，以便观察孩子自然的兴趣所在。当孩子展现出对特定领域的兴趣时，可以有所侧重地进行培养，但务必警惕"拔苗助长"的行为。例如，有些孩子原本对数学抱有浓厚的兴趣，然而父母过度拔高要求，导致孩子在解决数学问题时频繁受挫，自信心逐渐消磨，兴趣也随之减退。因此，如何培养并保护好孩子的"自信探索欲"至关重要。在此过程中，许多家长往往忽视了过程的重要性，只关注结果，或者有些家长过于精细地规划孩子的成长路径，并严格要求孩子达到自己的高标准。这些做法均不可取，因为它们不仅会削弱孩子的自信心和探索欲，还可能导致孩子在未来的青春期陷入一种"四大皆空"的状态，即所谓的"空心病"，表现为缺乏生活意义、没有奋斗动力，甚至选择躺平摆烂。

■ 良好的阅读习惯受益终身

阅读是获取有价值信息的重要途径（当然，未来大脑接入芯片直接传输信息的时代或许会有所不同）。因此，培养孩子从小养成静心读书的习惯，既是一项重要任务，也是对父母的一大挑战。不可否认，有些孩子天生就能静下来读书，但大多数孩子需要父母的引导，而父母的引导对这些天生爱读书的孩子同样大有裨益。父母的引导过程可分为两个阶段，且需要顺利过渡到第二阶段。第一阶段是与孩子共读同一本书，扮演导师兼伴读者的角色。这位导师不仅要解答疑惑，更要激发孩子的求知欲，通过提问的方式引导孩子主动阅读，寻找答案。如果孩子能在阅读后回答父母的问题，并复述书中的主旨大意，那将是最佳状态。在此阶段，家长需要细心观察孩子的兴趣爱好，挑选符合其兴趣的书籍，用兴趣激发阅读动力。选择书籍时，应避免过于深奥晦涩，以免孩子因阅读困难而放弃。例如，对于刚开始学习认字的低龄孩子，应选择简单、生字不多的绘本，以激发其阅读兴趣并坚持阅读。然而，伴读阶段对家长是一大挑战，许多家长因工作繁忙、处理家庭琐事等原因，难以全身心陪伴孩子阅读，甚至在陪伴时仍分心于手机或电脑。这虽能被成年人理解，但孩子可能会感到困惑，为何父母要求自己阅读，自己却从不阅读。第二阶段可称为"你虽不在身边，我仍模仿你的模样"。即家长以身作则，展现终身学习的态度，成为孩子的榜样。这种榜样作用的力量巨大，孩子自然会模仿自己"偶像"的样子，认真读书。

至于这个阶段读什么书，可以是科普类的图书，比如风靡全球的《DK儿童百科全书》，也可以是一些有意思的文学作品或者历史故事等，应尽量让孩子广泛涉猎，不应有所偏废。

■ 培养安全感与安全意识

这里所说的安全感，不仅仅源于父母的爱护或周边安全环境的营造，更重要的是让孩子在为自己的行为负责，表达不同意见时，内心也能感到安全。部分家长对孩子的要求过于严苛，这会让孩子产生某种恐惧。在这种恐惧心理的影响下，孩子做错事后可能会选择隐瞒或撒谎，因为他们害怕承受父母严厉的惩罚，久而久之，不诚实、掩饰错误、不敢担责的行为习惯便逐渐形成。此外，恐惧还可能让孩子从小就不敢表达自己的想法，不敢按照自己的意愿行事，变得胆小怕事，缺乏冒险和创新精神。因此，家长在选择"惩罚"措施教育孩子时，必须谨慎挑选合适且适度的后果，让孩子承担，并深刻理解直接后果与惩罚之间的区别。例如，孩子若将家中弄得凌乱不堪，让他们参与打扫整理便是合理的直接后果，需要由他们自己负责并完成。然而，若转而惩罚孩子抄书或剥夺其玩具，便与直接后果脱节，可能会导致孩子深感困惑，导致其产生不良心态。又如，孩子写错一字，家长若要求其重写几十遍，这种高压手段只会让孩子对写作业心生恐惧，且在此过程中，孩子难以获得任何有益的知识或技能。

当然，除了让孩子感受到安全感，这一阶段还需着重培养他们全面的安全意识。例如，要教育孩子明白哪些食物不能随意食用，哪些物品接触会有危险，哪些行为可能对身体造成伤害。同时，也要向他们清晰地讲解交通信号灯的功能和意义，以及当家人不在身边时，不应轻易相信陌生人等安全准则。总而言之，在小学阶段，我们应逐步引导孩子掌握自我保护的基本知识和技能，为他们未来能够更独立、安全地生活打下坚实的基础。

■ 养成文明与规则意识

我曾看过一段视频，记录了一位父亲带着大约10岁的儿子去自助餐厅用餐的情景。用餐前，父亲已提醒儿子"要适量取餐，避免浪费"。然而，孩子还是端来了满满两盘食物，坐在父亲身旁享用。没吃几口，孩子便将盘中剩余的食物倒进了桌下的垃圾桶。小男孩没有注意到父亲脸上的表情变化，但紧接着的一幕让他惊愕不已——父亲一言不发，默默地弯下腰，捡起他扔掉的食物吃了起来。小男孩吓坏了，拼命拉着父亲的手，恳求他别再吃那些被丢弃的食物，但父亲并未理会。直到小男孩哭喊着"爸爸，我再也不浪费食物了"，父亲才停下了手中的动作。这段视频中，小男孩的父亲看似是在纠正儿子关于"自助餐礼仪"这一小事，实则是在教导他理解并遵守文明社会的基本规则。

对于这个年龄段的孩子，给他们清晰地传递一些规则对于保证他们以后少犯错、少吃亏至关重要。这就是为什么当孩子撒谎时，许多家长会异常愤怒；当他们辱骂老人时，家长会严厉责罚；当他们撒泼打滚时，家长会狠心地将他们晾在一边……父母深知，诚信、孝敬长辈、不要无赖，以及遵守诺言（契约精神）、守时、正直和善良等文明准则和道德规范，必须像盖章一样，在孩子首次犯错时就深深地烙印在他们的脑海中。

13～15岁："不安的"青春萌芽期

许多父母都会惊讶地发现，孩子小学毕业升入初中后，明显有一些"变化"：他们开始在意每天的穿着打扮，出门前会仔细挑选衣物、梳理头发；与父母的交流减少了，对父母的意见不再那么热衷听从，向父母提问的频率也降低了；他们似乎变得不那么活泼好动，开始有了自己的小秘密或心事……面对这些变化，父母不必过于惊慌，因为这标志着孩子步入了"青春萌芽期"。在这个阶段，孩子的身体开始出现青春期的各种变化，同时，他们的独立意识和自我形象意识开始逐渐增强。实际上，如果家长在这个阶段能妥善处理一些事情，不仅能有效减轻孩子的青春期叛逆，还能为孩子未来的成长奠定坚实的基础。

■ 尊重孩子的独立意识

曾经有一位家长对孩子的某个行为感到十分困惑。她说，孩子一直以来都很听话，直到有一天，她带着儿子上完周末的运动课后去吃饭，发现儿子的头发有些长了，于是饭后提议带孩子去理发。出乎意料的是，儿子坚决拒绝，甚至和她吵了起来。这让她大为惊讶，因为孩子以前总是很"乖"，家长安排什么都会照做，而那天却表现得很反常。而且，在她看来，理发并不是一件什么大不了的事情。更让她气愤和不解的是，孩子虽然当天拒绝了她的提议，却在几天后自己去了理发店剪了头发。

很难理解吗？其实也不难。对于这个男孩来说，他并不是觉得妈妈让自己理发不对，也不是认为自己不该理发，关键是他不希望这件事是妈妈替他决定和安排的。青春萌芽期的孩子，开始有了明显的独立意识。父母一定要学会平等地和孩子相处，试着放手让孩子自主决定一些事情。当孩子能感觉到一定范围内的决定权被尊重的时候，就不会去追求所谓的"叛逆的快感"。

■ 努力把独立意识转化为"主体意识"

在尊重孩子独立意识的同时，父母还需要引导他们理解，追求独立并非目的，而是要让他们认识到赋予他们独立决策权背后的深层意义。青春期到来，孩子的身体和力量迅速增强，这使他们愈发感到有能力脱离父母独立完成一些事情，这是独立意识产生的物质基础。然而，父母必须让孩子明白，他们的成长不仅仅体现在肌肉和力量的增长上，更需要在思想上趋于成熟，具备责任感，能够对自己所做的决策负责并承担后果，这便是主体意识的核心所在。

■ 帮助孩子处理好人际关系

刚步入青春萌芽期的孩子，其自我意识相较于儿童期显著增强，自我形象逐渐成形，因此他们格外在意他人，尤其是同龄人对自己的看法与评价，这与小学阶段的孩子有着显著的不同。此外，小学阶段的儿童在遇到人际关系冲突时，往往能较快地"翻页"，甚至当天就能化解矛盾。然而，进入青春萌芽期的孩子，尤其是女孩，在遭遇人际关系冲突后，往往难以自我释怀。因此，父母在这一阶段需要扮演"静候者"的角色，既不急于主动介入每一件事，又能通过细致的观察，在孩子情绪低落、心事重重时成为他们的避风港。父母应引导孩子减轻社交心理压力，正确定位"自我"形象及与周围世界的关系，既要保持开放心态融入集体，又要坚守个性和独立。

■ 对数学和科学格外重视

大约从14岁开始，即孩子进入初二阶段，随着学校学业难度的提高，特别是数理科目难度的提升，孩子之间开始显现出分化。一些孩子由于数学学习效果不佳，逐渐对数学和科学等学科失去了兴趣，甚至开始放弃。诚然，孩子之间存在差异和天赋的不同，如果家长能在这一阶段采取一些措施，结果可能会有很大不同。父母可以在孩子从小学到初中的过渡阶段就开始有意识地为他们铺垫和预习，这样可以减少他们在学校正式学习这些科目时遇到的困难。另外，如果孩子真的开始表现出在数理学习上感到吃力，家长应该在心理上给予他们减压，并与孩子一起分析，探讨是否有必要调整学习方法。总之，保持信心至关重要，即使一次考试没有考好，也不要轻易地对孩子下结论。值得一提的是，近几年，随着人工智能的飞速发展，家长更要意识到对孩子数理方面的培养需更加注重与实际生活的结合，青春期一部分孩子之所以在理工科方面经常逊色于另外一些孩子，一个重要原因是他/她们的科学探索意识较弱，对周围物质及其原理的探索欲没有其他孩子强，所以家长可以有意识地提前"布局"，从小就主动有意识地引导孩子从身边周围环境中的现象着手，多观察，多提问，培养科学兴趣和思维。理工科的学习可以结合生活中的实际问题，这也会让这些学科学起来不那么枯燥，变得更有趣味。培养孩子解决实际问题的能力，才是培养他们面向未来的能力。

■ 鼓励孩子初步养成写作的习惯

无论将来从事何种职业，好的写作功底和习惯都能让人受益终身。当孩子们迈入12～13岁的年纪，他们在理性与情感层面对外界人和事的认知变得更加丰富。与此同时，随着阅读能力的提升，他们的语言功底也随之增强，足以支撑他们将自己的观察和感受记录下来。这种写作不仅是对外在事物进行系统梳理的过程，也是阐述个人思想观点、表达情感的方式，更是一种与自己内心独处的途径。随着孩子们的成长，他们会逐渐意识到，除了行动，他们对他人的影响很多时候需要通过写作或演讲来实现，而中学初期养成的写作习惯对他们的未来发展大有裨益。我们有时甚至能看到，小学5～6年级的孩子就已经热衷于创作小说和科幻类文章，他们满怀激情，抓住茶余饭后的每一刻进行创作。因此，希望家长在了解孩子这一成长规律后，如果看到孩子展现出对写小说的热爱，能够保护他们的兴趣和写作欲望，不要误以为这是在"不务正业"或"浪费时间"。

16～18岁：青春觉醒期

这个阶段可以说是孩子在成年前，父母能够对其施加影响的最后关键时期，也可以视为他们为成年生活做好准备的阶段。当然，在更直观的意义上，这种"准备"往往被理解为"努力考上心仪的大学"（尽管这确实是该阶段孩子看似最为紧迫的任务）。然而，除了这一显而易见的目标，还有一些其他准备工作，或许对孩子的人生有更为深远的意义。

■ 逻辑能力培养不能再迟了

什么是逻辑？简单地说，逻辑就是我们认识事物、处理事情的方法，并且是经过人类漫长的实践验证的经验理性。其实，孩子在成长过程中，即使没有专门学过逻辑学，也一定会自觉地用一些逻辑思维分析和解决问题。各个孩子在逻辑方面的领悟能力有所不同，有的孩子较为敏锐，有的则相对迟缓。然而，当他们即将成年时，系统地培养逻辑思维能力就显得尤为重要。

对于这个年龄的孩子来说，掌握分析与综合、归纳与演绎、三段论等基本逻辑思维方法并不困难，他们应该投入更多精力的是去训练运用这些的能力。那么，逻辑思维能力究竟有何用处呢？拥有出色的逻辑分析能力，能使我们对事物，尤其是复杂事物的认知更为深刻，更接近本质。在当今这个信息爆炸、信息源多样化的时代，逻辑思维能力对于甄别信息、避免被错误或不实信息误导起着至关重要的作用。同时，它还能帮助我们更准确地把握和判断事物发展的未来趋势。此外，当面对任务，尤其是多重任务时，逻辑思维能力能帮助我们迅速理清思路。值得一提的是，在工作场合展现出强大的逻辑能力，还能使同事之间的合作更加顺畅。换句话说，良好的逻辑能力不仅对自己有益，还能为周围人带来积极的"正外部性"。

在AI时代，能否让AI模型更好地帮助我们完成任务，直接取决于我们给出的任务的逻辑性。另外，如果能够有幸去参与AI模型的开发和建构，我们可以发现其底层的深度推理是建立在基础的逻辑之上的。

■ 格局决定发展的广度

10年前，我曾教过北京某知名公立中学的一位男生。这位学生在校成绩优异，但每次重大考试总是发挥不理想，妈妈看着孩子的情况也很发愁，就来向我求助。妈妈说其实她对孩子没有特别高的要求，但孩子给自己施加的压力很大，而且总是闷闷不乐，也不愿意与周围的同学交流和分享。后来，我跟这位妈妈说能不能让孩子和我相处一段时间，每天放学来我这里，不一定要上课，但可以和我一起学习、聊天，这位妈妈答应了。相处了半个月左右，我发现这个男生脸上渐渐出现了笑容，整个人也松弛下来。这位妈妈问我是怎么做到的，我跟她说这段时间我没有给他太多专业方面的辅导，只是跟他讨论一些事情，大到一些世界性的话题，小到一些日常人际关系，我就是想把他的格局打开。

什么是格局？格局首先体现为对"自我"及周遭人、事物之间关系的深刻而准确的认知。它体现在面对委屈时的宽广胸怀，有时也转化为一种内在的信心与磅礴气势，让人即便面对眼前看似的小小"吃亏"，也能淡然处之，不以为意。至于如何培养格局，是一个既复杂又漫长的过程，在此不再赘述，但读者将在后续章节关于心理补偿的讨论中获得有益的启示。

■ 身体韧性和心理韧性

韧性，亦称作"恢复力"，指的是某事物在遭遇外力压迫时展现出的抵抗与复原能力。在探讨人的韧性时，可以将其区分为身体韧性与心理韧性两个方面。两者之间存在关联，其中身体韧性是心理韧性的基础，然而，它们又各自具有独特之处。

人生如同一场马拉松，其意义远非某个阶段集中奋斗后的成败所能概括，而是长期以来一次次不懈奋斗与拼搏的累积。在这个不断追求阶段性目标的过程中，体力与精力的较量显得尤为重要，因为要实现心中的愿景，身体的韧性是基础保障。清华大学秉持的"无体育，不清华"理念，正是强调了良好身体素质对工作和生活的重要性。美团创始人王兴回忆道，在清华大学求学时，几乎每名男生都能在约12分钟内完成3000米跑，而清华大学女生在运动能力上也同样出类拔萃。此外，中国顶尖商学院每年都会举办穿越戈壁的挑战赛，参与者皆为各行各业的领导者,这进一步证明了身体的韧性对胜任许多关键岗位是不可或缺的素质。

尽管孩子们的先天身体条件各不相同,但只要身体状况允许,家长都应鼓励孩子在这一阶段注重培养身体韧性。如果说年幼时的运动更多是基于兴趣的自然流露,那么进入青春觉醒期后,除了兴趣驱动,还应有意识地挑战身体极限,培养运动耐力。在这一阶段积累的身体韧性和养成的运动习惯,不仅是高考冲刺阶段的重要支撑,更是未来工作和事业中不可或缺的宝贵财富,同时也是保证孩子未来生活质量的重要基石。

■ 心理韧性

如果说身体韧性是我们身体抵御疾病和疲惫的耐力,从劳累之中恢复的复原力,那么心理韧性就是我们的心理对痛苦、委屈、折磨、漠视等的承受力和让自己积极振作起来的能力。

英国历史上第一位诺贝尔文学奖得主罗德雅德·吉卜林(R. Kipling)有一首写给其12岁儿子的诗《如果》(*If*)。诗的开头两句是:"If you can keep your head when all about you are losing theirs and blaming it on you."(如果周围的人毫无理性地向你发难,你仍能镇定自若保持冷静。)"If you can trust yourself when all men doubt you, but make allowance for their doubting too."(如果众人对你心存猜忌,你仍能自信如常并认为他们的猜忌情有可原。)

吉卜林通过这两句开宗明义地给他的儿子设想了他今后人生

可能经历的辛酸，以及遇到困难之后应该如何调整心态。整首诗最能体现心理韧性的句子，一定是"If you can make one heap of all your winnings and risk it on one turn of pitch-and-toss, and lose, and start again at your beginnings, and never breathe a word about your loss; If you can force your heart and nerve and sinew to serve your turn long after they are gone."（如果你能倾尽所有地投入某个目标，即使失败还能从头再来，并且只字不提自己的损失；如果你能驱使你的心性、勇气和精力，在早已消磨殆尽后仍与你一同坚持到底。）这句话的英文原文让人觉得很有力量，就像一头战败的孤狼在夜深人静的时候站在山坡上独自舔舐着伤口，然后发出继续战斗的呐喊一样。

有的成年人在面对失败、挫折和委屈时尚且难以轻易释怀，对于16~18岁的孩子来说更是如此。然而，家长应当鼓励孩子以长远的视角来看待他们经历的失败、挫折、不公和委屈，尤其要提醒他们，在遇到这些困难时不能迷失自我，更不能自暴自弃。人们往往在顺境中能够保持善良和积极，但面对上述负面经历时，很容易"失常"。因此，家长应当通过自己的言行，展示出在面对负面经历时的豁达态度，以及认识到世界不完美后依然积极拥抱人生的精神，潜移默化地影响孩子。要让孩子明白，这些负面经历是他们认识世界、走向成功的必经之路，也是宝贵的财富。人生的每一步都算数，从长远来看，这些挫折本身并不会影响人生的长远发展，关键在于如何应对这些挫折。在一次次的遭遇与自我调整中，孩子的心理韧性会逐渐建立起来。

再谈"躁动而可爱"的青春期

从生理学概念上来讲,青春期是人类从儿童期向成年期过渡的一个阶段。具体而言,女孩的青春期一般是10～18岁,男孩的青春期一般是12～20岁。前文提到了青春期各阶段孩子的不同特点及需要重点培养的技能,换个角度来讲,青春期实则是一个不断冲破自我限制、实现成长突破的过程。为什么这么说呢?我们先来重温一下英国著名数学家、哲学家、文学家罗素的散文"How to grow old"(《人何以变老?》)中对人生过程的描述:"An individual human existence should be like a river, small at first, narrowly contained within its banks."(人的一生应该被视作一条河流,刚开始的时候水流很小,被河岸紧紧裹着。)其实这形容的就是人童年时期的样子。接下来,我们看它是怎么过渡到成年时期的:"Gradually the river grows wider, the banks recede."(水流逐渐变大,突破了河岸。)这个河水水流逐渐增强、最终冲破河岸束缚的过程,恰似青春期的成长历程。这个过程中河水还要"rushing passionately past rocks and over waterfalls."(热烈地冲过巨石和瀑布)。这形象地描述了青春期的躁动和可爱。

这段文学上的生动描绘,在生理学上亦有其对应的生理机制。从儿童期向青春期的过渡过程中,身体生长速度显著加快,伴随着血液流量的增加及激素水平的剧烈波动。特别是在面对压力或挑战时，血管可能会出现短暂收缩，导致血压暂时升高。这种生理变化微妙地与青春期的情绪波动相呼应。例如，刚步入青春期的男生可能会因情绪波动而变得易于冲动，且在情绪激动时难以平息。同时，青春期也是性激素大量分泌的阶段，第二性征逐渐显现，青少年对性的好奇心和渴望也随之增强。然而，由于性经验的缺乏和心理准备的不足，他们可能处于一种"被包裹"的状态，有时可能导致个别孩子对异性产生不当的肢体接触行为。

那么，针对这两种"包裹"的状态，怎么对孩子进行引导呢？除了道德的约束，重要的是疏导或者转移。对于那些怒气突发的男生，最佳的处理方式并非立即与他讲道理或呵斥，而是首先疏散周围的观众（因为围观人群往往会刺激他们保持在高愤怒状态）。随后，可以提议与他进行"掰手腕"游戏或给予他握力手环等器具，以此帮助他释放由高愤怒激发的力量，这便是疏导的过程。唯有通过这种疏导，卸掉"包裹"带来的情绪压力，他才能逐渐平静下来，听取成年人讲的道理。至于如何化解青春期的性冲动，关键在于转移注意力，即利用其他关系来支撑和缓解这种冲动。通常，拥有良好的人际关系、能与朋友一起玩耍、沟通顺畅及家庭关系亲密的孩子，能更好地化解性冲动，避免失控而做出不当行为。

这就是青春期孩子的躁动，而这种躁动在某种程度上也是青春期生命力旺盛的体现。家长需要做的就是用智慧的方式陪伴并引导他们度过"躁动而可爱"的青春期。

人生不是线性的

虽然我们按理想化的节奏梳理了培养孩子的"时令",也不意味着"错过"特定的节奏就一定不可接受。人的一生总会遇到这样或那样的意外,有些是自己身体或者心理的,有些是外在的、不可预见的,有的发生在人生的早期阶段,有的发生在成年之后,如果需要我们停下来,那就停下来,调整好了再重新上路,毕竟人生不是线性的,错过了所谓预定轨迹,就回不去了。

2023年9月,学校初中部新8年级来了一名从某公立学校转来的学生。这个男生话不多,脸上长了一些痘痘,虽然身材略显高大,但听说话感觉年龄不大。开学没几天,班主任老师便注意到这个男生多次与同学发生言语冲突,且每次冲突后都显得闷闷不乐。老师经过一段时间的观察,发现该男生在学校难以控制情绪,经常因误解周围同学或老师的意图(特别是由于他的英语水平有限,与外教老师沟通时频繁出现误解)而产生激烈反应,如大声吼叫、争吵,往往需要老师以非敌意的方式轻轻抱住他才能平息。平息后,他又会感到非常懊悔,难以再集中注意力学习,一心只想着回家。

学校心理咨询老师与孩子家长深入交流后,得知孩子已被诊断为孤独症谱系障碍。得知这一情况后,班主任和其他学科老师对孩子展现出了极大的包容和关怀,同时积极做通班级其他同学的工作,让他们对这个男生更加包容,在他情绪失控或与人发生冲突时能够给予更多理解。然而，经过大半年的尝试，效果并不理想。不仅其他同学受到影响，更重要的是，该男生自己经常情绪崩溃，事后对许多冲突感到懊恼，但在面对新情况时仍可能做出过激反应。

此外，因为频繁请假，他的学习变得不连贯，尤其是数学和科学等科目，新知识难以与旧知识有效衔接，导致他对学习的兴趣逐渐降低。

在这种情况下，学部的负责人多次尝试与家长进行沟通，建议孩子在该学年先休学进行调整，并接受相应的治疗，待新学年时再重新就读8年级。然而，经过几次沟通，孩子的父亲始终无法接受中断孩子"正常"的学业安排，他宁愿选择让孩子在情绪无法控制时回家，以这种断断续续的方式坚持下去。

当初中学部与家长的沟通陷入僵局后，学部向我寻求帮助。在听取了学部的详细汇报后，我获取了几个重要而关键的信息：首先，这个男孩的智力水平并无问题，对学科知识的理解力相当不错，只是在社交方面存在障碍，难以准确理解他人的动作或语言意图，尤其是在使用英文沟通时更为吃力；其次，孩子的年龄在同年级中偏小；最后，孩子小时候父母工作繁忙，陪伴时间较少，导致孩子不太愿意与其他孩子玩耍。基于这些情况的分析，我组织了一次沟通会，与会人员包括初中学部负责人、孩子的班主任、学科老师及心理咨询老师。在会上，我提出了自己的建议：虽然我也认为该学生有必要暂时休学，但休学期间，我们需要与家长共同制定一套系统的治疗方案，家校携手合作，通过几个月的时间努力，改善孩子的心理状况，为新学年重返校园做好充分准备。在大家达成共识后,我决定亲自与孩子父亲进行一次深入的沟通。

第一,在沟通之前,我特意了解了孩子父亲的职业背景,得知他是某大学经管学院的老师。当我见到他时,便从他的专业领域入手展开对话:"在经济学中,每个主体都致力于在给定的约束条件下做出最优选择,但实际上,我们常常难以找到那个所谓的'first-best'(最优解),能找到'second-best'(次优解)就已经很不错了。"通过这样的话题引入,我能感受到他对这个话题的很感兴趣,因为我是在运用他熟悉的话语体系与其进行交流。

第二,我随后向孩子父亲详细分析了孩子当前的情况:孩子在社交能力方面存在不足,特别是在复杂社交场景下的应对能力尚待提升,而在学业压力之下,这种不足往往会加剧他的情绪爆发。过去半年多来,尽管没有正式休学,但孩子因各种原因已请假累计十多天,这对他的学习成绩造成了一定影响。我们现在建议他休学,实际上是为他创造一个"简化环境"。在这个环境中,他可以在专业心理咨询和干预机构的帮助下,以及父母和家人的悉心关怀下,暂时放下学业压力,得到充分的减压。通过这样的安排,他可以在相对简化的环境中逐步培养与人交往的能力,这对他未来重新适应学校的学习生活将大有裨益。

第三,我向孩子的父亲保证,学校绝不会对孩子置之不理。我详细阐述了在孩子休学期间,学校将采取的一系列措施:首先,班级的一些集体性活动,特别是外出实践活动,孩子可以继续参与;其次,班主任和心理咨询老师会持续关注孩子的情况,孩子有问题时也可以随时联系老师寻求帮助。最后，学校承诺会妥善处理好学籍和学费等问题，让他无须为此担忧。同时，我也向家长提出了一些需要他们配合的建议：鉴于孩子本就比同龄人年幼，希望家长能在条件允许的情况下，尽量增加陪伴孩子的时间；在接受专业医师治疗方案的同时，考虑带孩子离开北京，去外地旅行，体验各地的风土人情，多与陌生人沟通交流；如果条件允许，可以鼓励孩子主导或参与一些有意义的活动，如到乡村小学支教或参与公益活动，这将对他的成长大有裨益；另外，为了保持和提升孩子的语言能力，可以让他阅读一些英文书籍，观看英文访谈节目或电影。

第四，我努力给这位父亲做心理减压。我跟他说人生不是一场百米竞赛，不会因为稍微一个环节的不同步就没机会。人生其实是一场马拉松，每个人都会遇到这样或那样的意外或者所谓的"偏离"，有的是因为心理问题，有的是因为生理问题，有的是其他原因。现在很多学校的中学生休学率在10%～15%，我们不应让他看似"正常"地跟着所谓的节奏而掩盖问题，这样会失去给孩子"重启"的机会。

最终，孩子的家长接受了学校的建议，决定让孩子休学进行调整。在接下来的几个月里，家校双方紧密配合，共同努力。到了2024年9月的新学年，孩子重新回到了学校，开始重读8年级。这一次，我们明显看到孩子的状态较之前有了显著的改善。

第四章
气质与标签

也许我们都无法决定我们天生的秉性,那好像是植入我们身体里的"灵珠"或"魔丸",但这定义不了我们的全部,它也许只是别人眼中关于我们的某一项"标签",而我们后天的努力与修养,以及我们所要经历的环境和承担的身份与角色才最终决定我们真正的形象。

对千百万陌生人的性格/气质分类,是古老而现代的理想

将众多纷繁芜杂的事物进行归类,并从中抽象出共同的规律,以便更迅速地认识更多的事物,这是一种普遍的认识方式,类似于数学运算中的"合并同类项"。我们对人类自身性格和气质的认知过程也遵循这一原则。早在2000多年前的古希腊,医生希波克拉底就致力于将人类千差万别的气质进行分类。他通过长期的观察与研究,并在借鉴前人成果的基础上,撰写了著名的《论人的本性》一书。他在书中提出人体由四种体液组成:血液、黏液、黄胆、黑胆。这四种体液所占比例不同,人的气质也就不同。后来,古罗马著名生物学家、心理学家盖伦在希波克拉底的基础上进一步提出了人的气质可以分为四种:多血质(sanguine)、黏液质(phlegmatic)、胆汁质(choleric)、忧郁质(melancholic)。

多血质的人通常血气方刚、外向活泼,展现出乐观的态度,思维敏捷但可能缺乏深度,情绪来得快去得也快;黏液质的人则往往显得冷静沉稳,情绪稳定,自信心十足;胆汁质的人外向且易怒,反应迅速但带有攻击性;而忧郁质的人则倾向于内向敏感,心思细腻,言行举止相对缓慢。

自此之后,众多生物学家、心理学家等纷纷尝试对人的性格和气质进行归类。其中,较为知名的有心理学家荣格提出的

内向/外向分类、阿德勒的优越型/自卑型人格理论、卡特尔的人格特质理论，以及现代流行的九型人格分类、性格色彩学等。总而言之，人们一直在努力用简洁的分类方式来概括这个世界上数十亿人的多样性。那么，这些分类是否有意义呢？答案是肯定的。它们能够帮助我们快速而简便地认识成千上万个形形色色的陌生人。同样，对学生的性格和气质进行分类也具有重要的指导意义，因为这有助于教育者针对不同性格和气质类型的学生，采取更加个性化的教育方式。

以四种体液/气质理论为例，教育者（包括老师和家长）应当针对不同气质类型的孩子实施差异化的因材施教策略。对于多血质的学生，应多设计活动和集体任务来促进其学习，同时鉴于他们情绪和兴趣易变的特点，需定期提醒和鼓励，以防他们半途而废。面对黏液质的孩子，教育者需保持耐心，给予充足时间让他们思考和内化知识，同时激励他们更加活跃。对于胆汁质的孩子，沟通时应直接明了，同时着重培养他们的自制力和包容心，以克服鲁莽冲动的倾向。对于忧郁质的孩子，家长和老师需要格外细心，充分理解他们的敏感和多愁善感，即便批评也应采取委婉柔和的方式，并鼓励他们多与人交流。基于这些基本的气质分类指导，采用不同的教育方法，既能发挥孩子各自的长处，又能有意识地弥补他们的不足，从而使教育达到事半功倍的效果。

静态的"标签"

音乐人李健在2021年东方卫视跨年晚会上,演唱了他本人创作的新歌《人群中的人》。说实话,我对这首歌的曲调并没有什么太深刻的印象,但是歌词却引发了我的思考。"他是谁,在黑夜里出发,莫非已不留恋他的家;还有她,生性脆弱胆小,如今却似乎不再害怕,怎么可能,他们全变了样……他们是如此平凡的人,也会为得失计较几分,为生活,不得不努力认真,对未来,偶尔也会疑问,怎么可能他们还有余力……当门窗锁住,当双脚困住,当婴儿在啼哭,有种渴望冲破顾虑,善良的人不再恐惧……"这些歌词以生动的画面展现了众人在日常中的平凡生活,以及在危机——尤其是疫情来临时,所展现出的惊人蜕变与力量。这些歌词很有画面感地展示了众人平日里的平凡,以及在危机、在疫情来临时突然的蜕变。

通常情况下,无论是普通平凡之人,还是卓越非凡之士,其人性都有多面性。记得吴伯凡老师曾在"每周商业评论"一课中阐述过"Label"与"Tag"两个概念之间的差异。以Label思维观察人时,我们往往依据其出生地、职业、学历、外貌、地位,甚至由特定事件形成的印象等因素来评判;而Tag思维则截然不同,它摒弃预设与定位,倾向于将一个人的品质、品行、偏好、兴趣等不断细化,分解成无数个微小而具体的标签,或称之为"颗粒"。通过这种方式,我们能够更加清晰且全面地了解一个人。

　　成年人尚且展现出如此巨大的可塑性，那些充满活力、正处于成长阶段且潜力无限的孩子更是如此。我们应当以一种包容和开放的视角去审视每一个孩子，包括他们在某些时刻可能表现出的软弱、幼稚、自私、冷漠或不成熟。给予孩子足够的时间和耐心的引导，或许你将见证一个截然不同的孩子的成长。

　　"你现在已经成年，即将步入大学，别再让妈妈为你的事情操碎了心。"在高三毕业典礼结束后，当一位身高超过180厘米的大男孩和他的妈妈邀请我合影时，我对这位共度了四年时光的男生说了这句话。话音刚落，他的眼泪瞬间夺眶而出，显然，这句话触动了他内心最柔软的地方，同时也为我们之间，以及他与他的家庭之间的关系，暂时画上了一个句号。

　　这名男生自9年级起便加入我们这个大家庭。他身材挺拔，面容俊朗，初来乍到便赢得了许多女同学的青睐。然而，不久之后，他便被贴上了"妈宝少年"的标签，原因是他的妈妈对他保护过度，甚至可以说是宠溺有加。记得有一次考试前夕，他为了同学义气，竟与几位同学一同溜进学部办公室偷看试卷。当学部找他的妈妈谈话时，他的妈妈非常震惊。妈妈认为自己的孩子学习成绩优异，没有理由偷看试卷，不明白为何孩子会出现这种行为。因此，一时也很难接受学部对孩子的处罚。自此，我开始介入处理这个家庭的情况。

　　第一次与孩子的妈妈通话就持续了近两个小时，通过耐心交流，我逐渐改变了她的观念，最关键的是让她意识到了两点：一是过度的溺爱其实是对孩子的一种伤害；二是我真心实意地想要帮助她一起改变孩子。此后,孩子又数次违反了校规,我多次与孩子及其母亲进行了面对面的深入交谈。母亲渐渐感到力不从心,因为她拿捏不准管教孩子的尺度,于是建议我与孩子的父亲沟通。尽管孩子的父亲工作繁忙,但我们还是约定了一次长时间的电话交谈。通过沟通,我了解到这位父亲从小自律勤奋,凭借个人努力成了一名科研人才。他平时忙于工作,对孩子的关注较少,但每次得知孩子犯错都会非常生气,严厉斥责。因此,孩子的妈妈很少向他提及孩子犯的错误或其他事情。当他得知这些情况时,愤怒不已,认为现在的孩子生活条件太好,缺乏磨砺,不像自己小时候那样。情绪激动时,他甚至表示要与孩子进行一次严肃谈话,如果孩子再不努力学习、遵守纪律,就将其送到外地的封闭式管理学校。

听完这位父亲的诉说,我耐心细致地向他解释当代孩子的特点,并劝他保持耐心,给孩子更多的时间和空间。这次通话让我更加理解了母亲对孩子溺爱的行为,以及她常常陷入的两难境地。之后,我与孩子的妈妈共同商讨如何帮助孩子。我们找到了一个切入点——孩子参与的篮球校队。这个男孩热爱篮球,但时常因打篮球而缺席晚自习或影响学业。为此,我与篮球校队的教练进行了沟通,明确强调:"校队不仅是体育特长的展示平台,更应培养学生的责任感、团队精神和规则意识。"教练迅速领悟了我的意图,并开始严格执行校队成员在学业和校规方面的要求,对于不符合标准的成员,将暂时停止其训练资格。就这样,校队教练也加入了帮助孩子的行列。随着时间的推移,这个男生逐渐意识到,个人的不负责任可能会影响到整个校队的训练和比赛。他的团队意识和规则意识因此得到了显著提升。到了11年级，尽管他仍然热爱篮球，校队训练也在继续，但由于即将面临大学申请，学业负担加重。在校队教练的监督和提醒下，他开始对自己的事务进行细致的规划。在我和升学指导老师的鼓励下，他将申请世界名校作为自己的目标。最终，我破例为他撰写了校长推荐信，因为这几年来，我见证了他的成长历程，包括他所犯的错误、不成熟及蜕变。当孩子收到名校的录取通知书后，他满怀感恩之心，积极参与学校的各项活动，向那些对学校感兴趣、希望转学或入学的学生分享了自己在学校成长的故事。

"标签"一旦形成，会出现消极的"自我意识"

2022年，有着数学界"诺贝尔奖"之称的菲尔兹奖颁发给了一位韩裔数学家许埈珥（J. Huh），这也是该奖项第一次颁给韩国人。然而，包括他的父亲——一位大学统计学教授，以及他中学时代的老师在内的所有人，都未曾预料到许埈珥会在数学领域取得成就，更未曾预见他会将数学研究作为自己的职业发展道路。父亲曾分享过儿子初中时的一段经历。那时，满怀雄心的父亲试图以奥林匹克数学的标准来培养儿子，认为作为统计学教授的自己亲自指导应该不成问题。然而，许埈珥对此表现出了强烈的抗拒，甚至尽量避免接触数学。当父亲给他一本练习册时，他毫无解题的兴趣，干脆直接抄起了后面的答案。父亲发现后，立刻撕掉了答案，但这并未改变什么，因为许埈珥会立刻跑到当地书店，找到那本练习册继续抄写答案。用许埈珥后来在接受采访时的话说："那时候，老爸差不多就放弃了。"许埈珥自认为是一个内心柔软且浪漫的人，他坦言，每当听到一首动人的歌曲，都会情不自禁地落泪。出于这份情感，他开始尝试写作，并对诗歌产生了浓厚的兴趣。16岁那年，正值高一，他一度萌生了辍学专心写诗的念头，并计划在上大学前的两年内"完成他的杰作"。幸运的是，他并未真正选择在高中毕业后辍学，而是勉勉强强地踏入了大学校门。然而，在大学期间，他依然显得迷茫，兴趣多变。他曾短暂地梦想成为一名科普作家，因此主修了天文学和物理学，但这份热情很快便消退了，他在这条道路上并未停留太久。大学期间，许埈珥经常逃课，之后又不得不重修课程，导致他的本科学习从4年延长到了6年。在后来的采访中，他坦言："我只是迷路了。我不知道自己想做什么，也不知道自己擅长什么。"在本科学习的第6年，为了采访日本客座数学家广中平祐，许埈珥选择了他的一门课程，正是在这个时候，他偶然间找到了属于自己的道路。回顾这个时期的变化，许埈珥总结道：由于小时候数学考试成绩不佳，一度认为自己不擅长数学，并将其视为"将逻辑上必要的陈述层层叠加"的无趣追求。然而，广中平祐在课堂上展现出的魔力深深吸引了他。广中平祐的课程难度极高，原本100多名学生的班级最终只剩下5人坚持下来，退课现象极为普遍。但一直处于迷茫状态的许埈珥却意外地坚持了下来。尽管他是中途加入，起初几乎听不懂课程内容，但他已经能够感受到数学的魅力。不仅如此，下课后他还会主动找广中平祐交流，甚至一起共进午餐。后来，在广中平祐的指导下，他开始系统地学习数学。

虽然许埈珥的故事听起来颇具戏剧性，日常生活中我们或许很少遇到如此具有冲击性的变化。然而，他的成长经历却对家长和广大教育者有深刻的启示。因为在我们身边，性质相似的事情时有发生。令人遗憾的是，很多时候，由于种种原因，孩子原本可能走上不同道路的故事并未如愿发生。

"你真的确定要请一位数学家教吗？"一位家长带着惊讶的神情向自己刚步入8年级的女儿问道。在父亲的记忆中，女儿虽然文科成绩还可以，但近两年的数学测试似乎从未及格过，因此在父母和老师的眼中，她早已被贴上了"文科生"的标签，对理科几乎不抱任何希望。就连孩子自己也认为自己在数学上是个"失败者"。后来，我有幸接触这个家庭，并逐渐与孩子的父亲熟络起来。父亲希望我能与孩子谈谈学习的问题。初次与孩子接触时，我能明显感受到她的"不情愿"，她似乎并不愿意分享自己的学习状况，对任何人都不太信任。当然，我也很识趣，没有主动提及学习，而是和她聊起了她小时候的趣事。我通过聊天得知，她是两年前从外地来北京的，来京之前，因为父亲的工作变动，她已经转过好几次学了。听到这里，我便与她分享了自己小时候的转学经历。通过分享相似的经历，小女孩对我的态度似乎有了转变，不再那么抗拒。于是，我趁机表扬了她对新环境的适应能力。没想到，这句话触动了她内心柔软的部分，她开始主动与我分享在不同学校遇到的困难。她说,每换一所学校,就要适应新的老师和上课风格,甚至不同城市的学校课程体系和教材差别很大。我问她是从什么时候开始数学成绩下滑的,她回答说是从刚上6年级时开始的,虽然之前数学学得也不算好,但感觉还能跟上。6年级时,她刚来到北京,明显感觉到新学校讲授的许多内容是之前未曾接触过的。起初,她还会向老师或同学请教,但发现缺失的不仅仅是一两个知识点,加之还需要适应其他学科,渐渐地,她失去了学习的动力。从那时起,测试不及格便成了常态。有时,甚至在父母聊天时,她也会不经意地听到自己被说成"脑子笨"。这逐渐让她对数学学习失去了信心。听完她的叙述,我问了她一个问题:"你对数学还有兴趣吗?"她虽然脸上带着苦涩,却毫不犹豫地回答道:"我真的很想学好数学!"听到这个回答,我感到非常开心,并向分析了她目前的问题并非当下造成的,而是之前基础没有打牢。她开始尝试向我寻求建议,我知道她已经有了改变的决心。于是,我向孩子的父亲解释了孩子现状背后的原因,并着重强调了两点:一是8年级是孩子的关键时期,如果此时能在数学和理科上有所突破,或许就能从此走上正轨;如果此时仍然无法跨越那个"坎",可能真的就难以弥补了。二是孩子自己有着强烈的主观意愿想要改变现状,她并没有放弃数学。后来,我建议家长在孩子有假期,尤其是长假期时,找个老师集中帮孩子梳理6年级之前欠缺的基础知识,然后再逐步补上现在不太理解的知识点。这就是为什么在故事开头时,父亲会惊讶而又迟疑地问孩子是否真的想找个家教认真补课。

20世纪50年代，美国著名的心理医生麦克斯威尔·马尔茨（M. Maltz）写了一本著名的心理学著作《心理控制术：改变自我意象，改变你的人生》，提出了"自我意识"（self-image）的概念，并且指出自我意识是会自我实现的。简单地说，自我意识就是我们观念中建立的关于自己是什么样的人的"形象"或者"画像"，而一旦这种"形象"建立起来，我们就会自觉地按照这种形象设定来行事，从而证明我们之前在脑海观念中的那个"形象"。在某种程度上，可以说"我们预期自己是什么样的人，我们最终就会成为什么样的人"。这就是为什么说不要轻易地给孩子"贴标签"。当孩子在一次数学考试中未能及格时，我们应该选择说"孩子，你只是一次考试没考好"还是"孩子，你就是数学不好"？这两种表达方式会产生截然不同的影响。前者仅仅是在陈述一个事实，其背后隐含的意思是鼓励孩子分析这次考试失利的原因，并努力争取下次有所改进。后者则是一种轻率的定性，相当于给孩子贴上了一个标签，这很容易让孩子形成对自己的负面认知，并且不会激发任何积极的改变意愿。

给别人贴"标签"，其实往往羞辱的不是别人，很可能是自己

学校里有一位名叫怀特的外教，他曾向我分享过他初为人师的一段经历。大学毕业后，他前往美国威斯康星州的一所公立

小学任教，并担任了班主任。在这个班级里，大部分学生是白人，仅有少数几个孩子来自其他不同的族裔。其中，有一个来自尼泊尔的小女孩，她的个子明显比同龄的孩子矮，而且平时几乎不说话。每当怀特或其他老师邀请她回答问题时，她总是憋红了脸，却难以吐出一个字。怀特十分焦急，他尝试运用所学的儿童心理学知识来理解这个小女孩，而"自闭"这个词不自觉地浮现在他的脑海中。久而久之，他和班上的学生都不自觉地在心里给这位小女孩贴上了"极度内向，甚至有些自闭"的标签。然而，有一次放学之后，其他同学都走了，只有这个小女孩留在教室里，怀特注意到后便上前询问情况。这位小女孩轻声告诉老师，在她从小接受的文化里，女性是不被允许在公共场合说话的。来到了美国以后，这种鼓励每个人参与课堂互动的方式，让她感到慌张和无助。听到这些后，怀特内心突然感到无比羞愧，他憋着自己红着的脸和小女孩约定了一个"挑战"：在之后的某一次班会上，邀请小女孩和大家分享自己的故事和自己独特的文化背景。特别的是，为了让小女孩感到轻松，她在分享时，所有同学都会背对着她。这次分享会异常温馨，同学们展现出了比平时更多的耐心，虽然背对着她，但每个人都全神贯注、安静地倾听着。分享结束后，几个孩子主动上台，轻轻地拥抱了她。从那以后，这个尼泊尔女孩变得开朗了许多，大家也越来越多地听到她的发言。更重要的是，她摆脱了"内向""自闭"的标签，也让所有人意识到每种特殊行为的背后都可能隐藏着一些特殊的故事，从而更加珍视包容和了解"多样性"的重要性。怀特表示，这段经历对他影响深远。在之后的教育生涯中，他时刻提醒自己，不要用自己的固有认知去轻易给学生贴"标签"。

气质的另一种可能

2023年8月的一天，在斯坦福大学的校园书店里，一本书吸引了我的眼球，就是由作家苏珊·凯恩（Susan Cain）写的《苦乐参半》（*Bitter-Sweet*），这本书最令人振奋的发现之一在于：在人的四种气质类型——多血质、黏液质、胆汁质和忧郁质中，尽管多血质和胆汁质往往被视为在快节奏生活中更具优势，但大量研究揭示了一个不同的现象，即那些拥有忧郁质的人，由于他们的"渴望感"、敏锐的感知力及对时光流逝的高度敏感性等，往往展现出更为卓越的创造力。书中提到了一个很有意思的由哥伦比亚大学商学院教授莫杜佩·阿基诺拉（M. Akinola）所做的实验。他首先测量了一组学生学业期间的硫酸脱氢表雄酮水平，这是一种通过抑制皮质醇来抵御抑郁症的荷尔蒙。随后，教授安排这些学生在观众面前分享自己的梦想。学生不知道的是，教授已事先与观众达成默契，对一部分演讲报以微笑和点头的肯定反应，而对另一部分则表现出皱眉和摇头的否定反应。不出所料，得到肯定反馈的学生心情明显优于收到负面反馈的学生。接着，教授让所有学生各自创作一幅拼贴画。完成后，这些作品被送交专家进行评审。评审结果很有意思：那些演讲后遭遇皱眉和摇头反应的学生创作的拼贴画好于那些演讲后收到笑容和点头肯定的学生的作品；那些收到负面反馈又拥有较低硫酸脱氢表雄酮水平（即更为忧郁）的学生创作出的拼贴画是最具创造性的。这里需要澄清的是，并非悲伤本身是创造力的源泉，而是指那些对黑暗和忧伤更为敏感的人（即忧郁质的人）往往对光明有着更强烈的渴望。因此，他们可能比其他人更擅长将黑暗转化为美。当然，这并不意味着我们必须刻意追求悲伤或对黑暗和痛苦保持敏感，而是希望人们能够认识到，即便是像忧郁质这样，在快节奏、高竞争的社会中可能不被看好的气质类型，实际上也具有巨大的优势。

当东东从公立学校转入国际化学校读6年级时，他的英语成绩并不理想，这导致他缺乏自信，变得沉默寡言，甚至显得有些忧郁。在学校的文艺活动中，也很难看到他的身影。尽管东东没有那么积极参与活动，但老师注意到他学习十分努力，并尽力帮助他提升英语水平。几年的时间过去了，东东的英语成绩已经跃居班级前列，数理化等其他科目的成绩也名列前茅，这些进步并不让人感到意外。然而，让老师们意想不到的是，东东主动向学部提出，希望成立一个名为"Helper Program"的项目，并招募几位志同道合的志愿者。该项目的宗旨是帮助学习有困难的学生，特别是那些刚从其他学校转来的新生，在语言能力、学习管理系统及学习习惯等方面给予指导和帮助，使他们能够更快地适应新环境。老师对这个想法非常支持，当被问及为何有此想法时，东东的回答引人深思："我刚来学校时，由于语言水平的差距，在课堂上不敢发言，也不好意思参加一些学校活动。因此，我能够深切地体会到新生的那种痛苦。在老师的帮助和自己的努力下，我才逐渐适应了新的学校。所以，我现在希望能做些事情来帮助新同学减轻过渡期的痛苦，并缩短他们的适应时间。"8年级的时候，东东痴迷于计算机编程，选修了很多计算机相关的课程。在他看来，代码构建数字世界，编织着人们日常生活的方方面面。看似枯燥乏味的背后，隐藏着一个充满真情实感的世界。在一次参观孤儿院特殊儿童时，东东遇到了一个比自己小4岁，并且和自己有着相同爱好，想学编程的孩子，可是由于上肢不方便，不得不先学会用脚操控鼠标，最后甚至不得不停止学习编程。东东听到了他的故事，非常难过，萌生了帮助那些面临同样障碍的人的念头。他思考着：是否有可能用嘴来控制鼠标呢？为了验证并实现这一想法，东东在假期加入了国内一所知名大学的人工智能实验室项目。在那里，他遇到了几位导师和一些同样热爱计算机编程的同学。他们共同发起了"嘴控鼠标"项目，旨在为上肢有障碍的人士提供一种能够使用鼠标上网甚至编程的解决方案。在接下来的6个多月里，东东和团队在产品模型设计、PCB（即印制电路板）电路制造及算法执行优化上投入了大量精力。经过20多位热心测试者的试用反馈，产品经历了11次迭代后最终进入工厂生产。他们的努力得到了回报，该项目不仅获得了国家发明专利，还成功帮助300多位上肢有障碍的人士实现了使用电脑的愿望。

这个话不多，甚至刚来学校时看着有点忧郁气质的男孩，其实内心非常敏感而情感丰富，他把这种敏感转化成了巨大的创造力。

"你"是先天的气质、后天的努力、修养、环境与身份一起组成的"拼贴画"

曾经有一位少年,为了能在优秀的学校求学,自5年级起便寄居在亲戚家中。他学习勤奋,成绩优异,但因长期居住在别人家,性格变得胆小、谨慎。他自幼体弱,加之家乡昼夜温差较大,时常遭受感冒发烧的困扰。在他17岁,正读高二的那个冬春交替之际,他又一次感冒发烧了,这已是短短数月内的第三次。每次生病都无疑给他的高中学业带来了不小的冲击。一天,他独自骑着自行车前往附近的一家私人诊所就医。医生为他开了治疗感冒的药物,并在得知他频繁感冒的情况后,推荐了一款需连续注射十天以增强免疫力的药物。对这位年仅17岁、长期远离父母、凡事需自主决定的少年而言,这是一个重大的决定。在那个没有网络、没有手机的时代,他难以获取更多关于这款药物的信息。于是,他尽力向医生询问药物的有效性、可能的副作用等问题,在反复的询问与犹豫中,医生显得有些不耐烦,脱口而出:"你这孩子怎么这么胆小怕事,将来也不会有什么大出息。"这句话深深刺痛了少年的心。

没错,这个少年就是我本人。回想自己作为校长在过去几年里带领团队应对包括疫情在内的各种危机和挑战,几乎从来没有被人用"唯唯诺诺"来形容,而更多的是有洞察力、预见性、果断决策和担当。我再次深入分析这里的差异,或许不得不承认,我的初始性格中确实包含了一些"唯唯诺诺"的成分,否则他人可能也不会如此评价我。然而,通过后续的努力与自我提升,加之我身处一个需要频繁做出预判和决策的工作岗位,可能现在给人的感觉是"果敢而担当"。

2019年上映了一部非常经典的动画电影——《哪吒之魔童降世》。天地间诞生一颗充满强大能量的混元珠,元始天尊将混元珠分解为灵珠和魔丸,灵珠转世为人,加入了助周伐纣的战争;而魔丸则会孕育出邪恶的魔王,给人间带来灾难。元始天尊发动天劫咒语,宣告3年后将有天雷降临,摧毁魔丸,太乙真人受命将灵珠投胎到陈塘关李靖家的儿子哪吒。然而,灵珠和魔丸被搞错。原本注定成为英雄的哪吒却成为邪恶的大魔王,尽管他内心怀揣着成为英雄的梦想。面对众人的误解和即将到来的天雷劫难,掌握了一身本领的哪吒不但没有变成真正的邪恶大魔王,反而通过自己的真诚和努力帮助身为灵珠转世的敖丙解除心结,两人合力在雷劫面前联手捍卫了万物苍生,留下了那句经典的台词:"我命由我不由天!"

或许我们生来就带着某种气质、秉性,犹如体内被植入的"灵珠"或"魔丸",但这并不能界定我们的全部。它只是他人眼中关于我们的一个"标签"。实际上,我们后天的努力与修养,以及成长的环境和扮演的角色,才是塑造我们真正形象的决定性因素。因此,作为父母,即便我们观察到孩子初始的性格特点,也应致力于创造多样化的环境,鼓励孩子在父母的支持与赋能下勇敢迎接各种挑战,扮演不同角色,从而为孩子的个性发展开辟新的可能。

第五章

社交媒体与"脑腐"

"Brain rot",直译成中文就是"脑腐",指的是接触了过多社交媒体的低质量、碎片化信息后,精神和智力状态恶化,如同腐烂一般。在牛津大学出版社发起的公众投票中,"脑腐"被选为2024年度热词。

一天中午，在餐厅用完午餐回办公室的路上，我看到一名学生迎面走过来，眼睛专注地看着手机。依据学校的手机管理规定，我上前与他交涉，暂时帮他"保管"了手机。将手机放在办公室的桌上后，我的困扰接踵而至：每隔两三分钟，手机就会响起各种通知提示音，从主屏幕能看到微信、抖音及其他多个平台的消息提示。这些通知不断打扰着我，但本着尊重学生的财物和隐私的原则，我并未擅自将手机调至静音模式。我不禁思考：如果学生手机频繁收到这样的通知和信息，他又怎能安心听课、专心学习呢？

要讨论社交媒体对学生的影响，首先要对社交媒体下一个基本定义。顾名思义，它指的是具有一定社交功能和属性的媒介，包括聊天工具（如微信）、视频图文分享平台（如抖音、快手、小红书、B站）和具有社交功能的游戏。

社交媒体的两重"正当"功能

在这个信息爆炸的时代，社交媒体已成为比纸质书籍和课堂授课更为直接、便捷且广泛的信息获取渠道。不可否认，这里汇聚了许多专业且严谨的创作者生产的内容，这些内容传播着广泛而实用的知识。加之强大的搜索功能，人们通过社交媒体学习或了解相关信息的速度，远远超过了翻阅书籍。如此高效的信息获取方式，加之极低的成本，让人们觉得，不仅许多通用知识可以通过社交媒体轻松学到,就连生活中一些必要的技能,如烹饪、运动、穿着打扮等,也能够信手拈来。

除了获得知识和有用信息以外,社交媒体的另一重"正当"功能就是沟通媒介。人类似乎从来没有像今天这样联系得这么紧密,任何两个陌生人之间最多只需不超过5个中间人便能建立联系。我们每个人平均拥有3个社交账号,使得联系多年未交往的朋友总能找到方法。特别是在疫情期间,得益于强大的社交媒体,即便无法线下相聚,我们也能与亲朋好友保持联系。线上教学与线上会议让学习和工作似乎并未因疫情而受到太大冲击。此外,在自媒体时代,无论是大人还是孩子,都能拥有一个平台来展示或分享自己的观点和感受给朋友乃至陌生人,仿佛因此我们始终处于"被关注"的状态,表达和释放情绪都有了合适的场所与媒介。甚至在社交媒体上表达,相较于面对真实的人,能让我们内心感到更加"安全"与"放松"。

总之,我们广泛使用社交媒体的理由主要基于两点:更加高效、快捷地获取信息;促进便捷的沟通与交流。然而,这两个看似正当的理由建立在某些不够充分的前提之上,而且除此之外,社交媒体还可能带来潜在危害。

为什么"脑腐"会与社交媒体联系在一起?

"脑腐"一词最早出现在亨利·戴维·梭罗(Henry David

Thoreau）于1854年出版的名著《瓦尔登湖》中，该书描绘了在大规模机械化、工业化浪潮下，随着生产生活节奏的加快，人们往往对问题缺乏深入思考，倾向于简单、无脑地发表看法，这一社会现象象征着社会精神和智力的普遍下滑。当然，在20世纪报纸和电视刚出现的时候，也有不少社会评论家表达了对过多读报纸和看电视有可能导致"脑腐"现象的担忧。然而，在2024年牛津大学出版社发起的由全球超过3.7万人参与的线上投票中，"脑腐"再次成了年度热词。这一次，它关注的是人们在接触大量社交媒体上的低质量、碎片化信息后，出现的精神和智力退化的现象。

每当新技术或新的传播方式涌现，"脑腐"一词便常被用来表达人们的担忧——过度受这种传播方式影响可能会导致独立思考能力丧失。这一次，"脑腐"与当今社交媒体紧密相连，这促使我们在肯定社交媒体使用正当性的同时，也不得不严肃审视其带来的负面影响。

社交媒体正以极大的广度和深度传播着不实信息

从微博到公众号，再到短视频，社交媒体传播信息的速度不断加快，传播效果日益增强。然而，这也导致了虚假信息、谣言以及不准确、不完整信息的泛滥。首先，让我们审视一下当今社交媒体的内容生产机制。与书籍、电影、电视剧等相对严格的审查制度相比，自媒体的内容审核机制实际上相当薄弱。为了写这一部分内容，我特意在2024年初采访了一位国内头部短视频平台的高管。她透露，该平台日活跃用户已超过6亿，这意味着理论上每天有6亿用户在生成内容。然而，平台的全职及兼职审核员总数仅为3万人，即便辅以机器审核，面对如此庞大的内容量，也无法逐一细致地审核每条视频内容。除了涉及政治审查的内容会较为严格外，对视频内容的真实性、科学性和完整性，无论是受限于审核员的数量还是专业水平，都难以做到真正的评判与核实。于是，我向她提出了一个尖锐的问题："如果用户发布了一条声称'地球其实是方的'的视频，这条短视频是否有可能出现在平台上？"她稍作停顿后回答："有可能！"其实，对于她的回答，我一点也不感到惊讶，因为这是我预料之中的，现在各种短视频平台的现状也的确如此。

社交媒体加剧了分歧和冲突

前不久，一名准备申请斯坦福大学的学生在准备文书题目时来找我讨论，斯坦福大学要求申请者回答一些问题，其中一个问题是"你觉得当前社会面临的最大挑战是什么？"（"What is the most significant challenge that society faces today?"）这名学生想听听我的看法，我毫不犹豫地跟他说，我认为当前社会最大的问题是人与人之间、不同群体间出现了严重的分歧和对立，似乎大家都没有耐心来化解冲突。

那么，为什么这种分歧和对立越来越严重？我觉得社交媒体虽然不是罪魁祸首，但在其中扮演着重要的作用。社交媒体究竟是怎么加剧人与人之间的分歧与对立的呢？主要有三方面的原因：虚假信息基础上的认知、以"争夺用户注意力"为目标算法推送及"车门效应"。

首先，一些自媒体平台上充斥着未经审核的不准确、不严谨的信息，更有甚者，许多信息传播行为带有预设立场或纯粹是为了追求流量，这都在潜移默化地影响着阅读者和观看者的认知。按照"信息摄入+不加以辨别（或缺乏辨别意愿）=认知"这一公式，由于每个人获取的信息来源不同，因此形成了不同的认知。当大家对同一件事产生了不同认知时，分歧和冲突便随之产生。一旦这些基于不同认知的分歧形成，化解冲突就变得异常艰难，除非有一方能够清醒地意识到自己受到了不实信息的误导。然而，在这个信息内容不断被生产与传播的时代，一些人早已失去了耐心去判断自己摄取的信息是否不实或被"加工"过。

我曾经和一些高中生一起踢足球。有一次，目睹了两个男生为了自己喜欢的球星争吵起来，他们互不相让，激动时甚至相互辱骂。我上前制止了他们，让他们冷静下来。随后，我让他们分别向我阐述各自的观点，并追问他们这些观点的依据是什么。经过一番交流，我发现他们之间的冲突仅仅源于其中一个男生看过的一则短视频。那则短视频中讲述了关于某球星的看法，而这一看法是基于欧洲一家非正规体育小报报道的虚假消息。我不确定短视频的制作者是否知道报道不可信，但显然他知道这样的新闻能吸引流量，于是制作并发布了该视频。看过这则短视频的学生受其影响，发表了诋毁该球星的观点，而这恰好激怒了作为该球星粉丝的另一名学生，于是两人争吵了起来。

其次，虽然社交平台本身并不是虚假信息和仇恨内容的直接发布者，但它们为了最大化商业利益，设计了以"争夺用户注意力"为目标的算法，这种算法在无形中加剧了对立情绪的滋生。正如著名作家尤瓦尔·赫拉利（Yuval Noah Harari）在其著作《智人之上：从石器时代到AI时代的信息网络简史》中指出的，社交媒体的广告收益与用户在平台上的停留时间呈正相关关系。因此，他为算法定下了一个首要目标：提升用户参与度。之后，通过对几百万用户的实验发现，提升参与度的最好办法就是让人愤怒。比起慈悲的布道，充满仇恨的阴谋论更能提升人类的参与度。于是，传播愤怒就变成了算法的优先级目标。书中举了一家全球知名视频平台的例子。2012年，这家平台在全球的总观看时长约为每天1亿小时。但公司高层还不满足，于是给算法确立了一个充满野心的目标：到2016年，这一数据要达到每天10亿小时。要实现这一目标，走中庸节制的路线则行不通。于是，算法开始向数百万观众推荐各种让人惊骇、愤慨的阴谋论，同时不是那些有节制、理性的内容。结果，2016年，每天观看10亿小时的目标实现了。所以，社交媒体再造了一个新的社交系统，在这个社交系统中，人们的情绪被操控着。如果我们的孩子长期被"套"在这样的社交系统中，他们对很多事情的看法会越来越极端，越来越情绪化。

第五章 社交媒体与"脑腐"

最后，社交媒体加剧分歧与冲突的另一个体现是"车门效应"。什么是车门效应？我们先来看一个事例。众所周知，学校门前在早高峰时段常常会出现严重的交通拥堵，大量送孩子上学的车辆在短时间内聚集。有一次，我就目睹了两辆车为了抢道而互不相让，喇叭声此起彼伏，一直较劲到学校门口。当两位家长分别从车窗贴膜的车中带着孩子走出来时，双方都露出了满脸的尴尬。原来，这两个孩子是同一个班级的，关系还很不错，家长也曾一起参加过家长会，线上也有过友好的互动与沟通。然而，当他们坐在车里、隔着车窗时，却变成了在心里相互谩骂、诅咒的抢道人。这就是"车门效应"——当人们躲在某种屏障（如车窗）后面，而非真实面对面时，冲突往往会加剧好几倍。这也是为什么在大城市的道路上，开车抢道引发的"路怒"现象如此之多，相比之下，线下排队时却很少见到这么多冲突。

对于未成年的孩子而言，在社交媒体提供的这种"远距离"且"不可见"的沟通平台上，他们尚未建立起基本的法治观念及言语与行为的边界感。因此，这种"车门效应"在他们身上表现得尤为明显。

尽管社交媒体平台提供了隐身般的沟通方式，但其高度的互动性却使人的行为仿佛置身于舞台之上，时刻被观众注视着。身处舞台的我们，也能深刻感受到这种"被注视"的状态，从而使我们的精神处于高度活跃状态。想象一下，在课堂上，当一个学生昏昏欲睡时，同桌小声提醒他大家正看着他，他立刻就能清醒过来，挺直腰板。类似地，在社交平台这个透明的信息交互空间，无论是有意识还是无意识，我们都在做着自认为应该被他人看到的行为，发布着希望别人看到的信息。然而，吊诡的是，当我们以自我为中心时，往往会低估或高估自己的行为产生的影响，从而导致许多错位的表达和误解的产生。

之前，一名学生来找我，说他在朋友圈被另一位从未有过交集的同学莫名其妙地攻击了，他们甚至都不是微信好友，朋友圈的内容还是别人转发给他的。我帮助他回顾了被攻击的整个过程及他此刻的感受。他告诉我，两人之间并无矛盾，可能最初只是单纯地互相看不顺眼，但现在他自己感到非常难受。他已经准备好了一段反驳的话，正在犹豫是否要在朋友圈中发出去进行反击。我问他："你为什么选择来找我，而不是直接发出这段话呢？"他回答说："我觉得自己不确定这样做是否能解决问题，甚至担心可能会激化矛盾，造成更深的误会。"

我非常理解并欣赏这名学生的思考方式。在使用社交媒体平台时，他能够跳出这个透明的信息环境，以更加理智的态度来看待自己和他人的行为。然而，遗憾的是，大多数人在面对类似情况时，往往缺乏这样的自制力和反思能力。学校处理过很多在社交媒体平台上发布不实言论或者发生争吵的事件。老师的普遍发现是：在处理事件的过程中或者之后，无论是事件的发起者、觉得自己没有错的一方，还是旁观的同学朋友，无论他们扮演何种角色，都会声称自己在事件中承受了巨大的压力或伤害。当追问事件的起因时，他们通常都会表示是由小事引发的，并常用"我只是……"来开头。然而，这个过程中的每一个环节，卷入者的反应和行为都在不断升级，就像滚雪球一样，伤害的严重程度逐渐加剧。最终，这些事件往往会给当事人造成严重的心理伤害，有些人甚至为了逃避这种社交伤害，会选择离开学校，彻底改变自己的生活环境。

当然，这样的伤害并非仅限于学生之间，它可能影响到每一个人。这不禁让人想起疫情期间某学校发生的一起悲剧：在统一线上教学期间，学生涌入授课平台对老师进行辱骂，导致老师无法承受这样的网络暴力，最终选择了结束自己的生命。这一事件充分展示了在交互平台上，恶意有可能被无限放大。这就是当下一些社交媒体的现状：充斥着不实信息和为了流量而刻意煽动情绪、引发争议的内容。对这些内容的真相进行解释和辟谣的成本极高，使得每个人在渴望使用社交媒体的同时，又时刻面临着成为其受害者的风险。

社交媒体加剧着焦虑

很多家长都向我表达过一种极为相似的感受：在浏览完朋友圈或一连串短视频后，原本还不错的心情会立刻变差。社交媒体上充斥着关于孩子学习内卷、升学竞争、就业压力，乃至AI替代挑战等话题，这些内容让家长们瞬间感到极度焦虑，心情变得沉重。

其实，感觉焦虑的又何止家长，学生也深陷焦虑之中，而且被这种焦虑推着走。社交媒体制造和推动的焦虑远不止于学习领域。几年前,我在上海遇到了一个十五六岁的小女孩,她告诉我自己使用的护肤品是海蓝之谜,与妈妈同款。我当时十分惊讶,这么小的孩子为何会使用如此昂贵的成人护肤品?她解释说,这在她的朋友圈里很流行,大家都喜欢看美妆博主关于化妆和护肤的视频。这种现象并非中国孩子独有。英国《卫报》在2024年1月27日的一篇报道中援引了英国皮肤科医生协会的说法:如今,痴迷于抗衰老疗法的人群已经扩展到了Z世代甚至更小的年龄层,有的孩子甚至只有8岁。文章指出,社交媒体是推动年轻人产生"抗衰老焦虑"的重要因素之一,年轻人热衷于观看TikTok(抖音国际版)上的"与我一起做准备"等化妆教学视频,并在上学日早起精心打扮。文章对此现象表示了担忧。皮肤科医生的报告显示,年轻人养成了复杂且不恰当的护肤习惯,这进一步加剧了他们的"抗老焦虑"。伦敦的一位皮肤科医生甚至需要经常应对青少年对"鱼尾纹"的担忧。

心理学研究表明,人们普遍存在"从众"(conformity)心理,其背后最重要的原因是人们通常认为这样做在心理上更为"安全"。对于未成年的孩子而言,由于同辈压力(peer pressure)和对心理"安全"的需求,这种"从众"现象尤为明显。因此,如果未能给予孩子正确的引导,并让他们频繁接触未经筛选的社交媒体内容,孩子在焦虑情绪的作用下,会比成年人更容易产生随波逐流的模仿行为,且这种模仿行为对他们的心灵伤害也会更为严重。

社交媒体消磨着孩子的耐心

目前，微博、短视频等平台兴起，"微"与"短"这些字眼直观地反映出人们越来越没有耐心去阅读那些相对冗长、需要时间沉淀的内容。以往，人们或许还有耐心观看电视剧，但有些人觉得电视剧篇幅过长，转而倾向于观看电影。现在，短视频更是以"5分钟带你看完一部电影"的形式盛行。在这样的信息消费习惯下，还有多少人能保持足够的耐心去细细品读一本书呢？孩子无法长时间集中注意力。有数据表明，2000年时，人类的平均注意力持续时间是12秒，20多年后的今天已经下降到8秒。

如今，无论是老师还是家长，在监督孩子学习时，都会有一种共同的感受：课余，即使是小学生，也会花大量时间紧盯着电脑。即便排除他们玩游戏或观看娱乐视频的可能性，即便他们确实在观看学习类的视频。我鲜少见到他们在认认真真地看书。诚然，这种长期的碎片化信息输入，在某种程度上可以被视为一种学习，但如果它取代了阅读书籍和系统性学习，那么孩子获取的知识可能会变得杂乱无章、缺乏体系且不够严谨。一旦形成了这样的学习习惯，想让他们日后耐心地钻研学问，会有一定的难度。

如果您只是以为孩子在学习方面失去了耐心，那就太狭隘了。这种耐心的消失还表现在孩子与他人的相处上。同学间很快会成为好朋友，但也很快会因为一些小的误会和矛盾而分开，而且往往根本没有意愿去听对方去解释或者道歉，这也许原本就是孩子们交往的特点，但社交媒体加剧了这种缺乏耐心的情况，因为他们既然可以在社交媒体上迅速交到新的朋友，自然也就少了许多耐心来修复现实中的朋友关系。

曾经有一位心理老师给我讲述了她经历的一件事。有一个14岁的女生跑去跟这位老师说自己要跟好朋友断交。老师问她为什么断交，她很激动地说了很多，老师终于听明白了：只是因为她和另外一个同学吵架的时候，自己的好朋友没有站在自己这边而是说了一些劝她冷静之类的话，她觉得是朋友帮别人而背叛了自己。当老师问她愿不愿意找机会听一下好朋友的解释时，这名女生果断地说："不要！这么麻烦还不如跟自己的网友沟通呢，愿意跟我说话的人可多了……"老师听完之后，愣在那里，一时不知该说些什么。在她看来，此时这位同学的情绪只是建立在自己头脑构建出的"事实"而不是客观事实的基础上，但这位同学完全没有耐心去听别人解释，更不愿意去了解事情的真相。这样的现象不禁让人深深地感到担忧。

社交媒体让人上瘾，时间概念弱化

2021年，一篇刊登在神经科学领域顶级期刊《神经影像》（*NeuroImage*）的论文，曾登上世界各大新闻网站的头条，因为这是首个对观看短视频时的大脑活动进行影像扫描的研究。

值得一提的是，该研究的所有作者均来自浙江大学，而参与大脑扫描实验的30名被试学生也同样来自该校。这项研究颇具深意。首先，研究者通过20个问题对30名年轻人的短视频使用习惯进行了调查，以评估他们对短视频的依赖程度。随后，在大脑活动被监测的情况下，这30名被试开始观看短视频。值得注意的是，他们观看的视频并非随机选择，而是由研究者精心准备的两类各6分钟的视频。第一类被称为GV，模拟新用户初次使用短视频APP时的体验，即算法尚未了解用户的喜好，因此推荐的视频内容较为随机；第二类则称为PV，模拟老用户的使用体验，此时算法已充分了解用户的喜好，能够精准推送用户感兴趣的内容，如美妆、运动或宠物等。那么，人们在观看这些短视频时，大脑究竟会发生怎样的变化呢？研究结果显示，当被试观看为他们量身定制的PV视频时，大脑中的奖励系统特定区域会被激活，该区域的神经元释放多巴胺，从而产生一种幸福或愉悦的感觉。

当我们因大脑神经元受到刺激而释放多巴胺，体验到由此带来的快乐时，便会难以自拔。因为一旦停止这种活动，"快乐"感会瞬间消散，随之而来的是沮丧、迷茫，以及缺乏精力和动力去做其他事情。在这种状态下，人们往往只会选择继续刷视频。

我的一个朋友有个刚升入初中一年级的儿子，由于父母长期在外地工作，孩子便与爷爷奶奶一同生活。爷爷奶奶负责孩子的日常起居和上下学接送，但在管理孩子使用手机方面却束手无策。每晚，孩子都会躲进自己的房间玩手机，爷爷奶奶虽偶尔提醒，但也不敢频繁打扰。他们担心孙子熬夜玩手机，便等到卧室灯熄后才去休息，殊不知孩子常常关灯后仍在被窝里偷偷玩手机，连自己何时入睡都不清楚。就这样过了三个多月，孩子开始出现视力模糊、眼睛发红的症状。朋友带他去医院眼科检查，发现短短几个月内，孩子的散光竟然加重了100度。朋友回家质问孩子每天玩手机的时间，孩子回答说最多两三个小时，但朋友不信，认为孩子在撒谎。孩子坚持自己没有说谎。直到朋友查看手机屏幕使用时间记录，才发现自己平均每天竟然玩了6小时——这还是在学校不允许带手机的情况下。孩子自己都没有意识到每天实际上花费了那么多时间在刷手机上，这才是真正让父母感到担忧和恐惧的地方。

社交媒体让人们的内心更加孤独

许多人可能认为，一些人由于害羞或缺乏社交支持而感到孤独，因此更倾向于在社交媒体上花费更多时间。然而，研究者等在其《元分析：脸书是否让你更加孤独？》（Does Facebook make you lonely? A meta analysis）一文中，对Facebook使用与孤独感之间的关系进行了深入探讨，并揭示了一系列令人深思的发现。该研究首先确认了Facebook使用与孤独感之间存在显著的正相关关系，这一结论挑战了社交媒体能够缓解个体孤独感的传统观念。通过对18项研究效果的分析，涉及8798个样本，研究者发现Facebook的使用并未如预期那样减少孤独感，反而可能会加剧用户的孤独感受。

实际上，这样的例子在我们的日常生活中屡见不鲜。一些孩子在现实生活中不太擅长交际，因此选择"躲进"社交媒体的世界里。然而，他们在社交媒体上建立的那些浅层次的、表面的"朋友"和"认同者"营造了一种虚假的"美好幻觉"，导致这些原本社交能力就不强的孩子更加不愿意参与到真实的社交活动中，进而加剧了他们在现实世界的孤独感。社交媒体加剧孤独的另一个原因在于，它鼓励个体展示一个经过精心包装的、近乎完美的"自我形象"。当现实中的自我与这种社交媒体上塑造的完美形象之间存在巨大差距时，个体就会产生一种自我否定的孤独感。

一些人在晚上孤独难眠的时候往往会选择刷视频，然而这样做的结果是绝大多数情况下让自己更加难以入睡，长此以往，失眠症状会更加严重。

家长如何帮助孩子养成正确使用社交媒体的习惯？

家长应该如何帮助孩子正确使用社交媒体呢？要回答这个问题，还要回到我们之所以使用社交媒体的两个目的：获取有用信息和交流沟通。这里给家长一些建议供参考。

■ 14岁前，不让孩子主动接触社交媒体

在孩子养成阅读纸质书籍的习惯前，一定不要让他们刷短视频、公众号等社交媒体。家长可以筛选一些视频或者文章，如果确实内容很好，可以拿给孩子去看，而不是让孩子自己去刷。有家长会说现在很多平台都设置了"青少年模式"，也不可以让孩子刷吗？选择"青少年模式"当然要比没有任何选择要好一些，可是在"青少年模式"下，并没有进一步细分年龄层。换句话说，适合17岁孩子看的内容不一定适合10岁的孩子。而且，一些孩子可以用成年人（比如，爷爷奶奶）的手机号轻松"逃逸""青少年模式"。还有家长担心，不让用这些社交媒体，会不会导致在知识获取上落伍呢？放心，不会的。家长应该多让孩子读书，如果需要查资料，上专门的学术类网站，什么都不会落下。绝大多数情况下，那些所谓的跟上时代的热点内容，更多的不过是"喧嚣"罢了。家长如果真的觉得有必要让孩子看的内容，在筛选后给孩子看，对于高中阶段以前的孩子来说，这就足够了。

■ 父母以身作则，制定家庭的电子产品使用公约

我曾经认识一对夫妇，两个人虽从事不同行业，但工作都很忙。他们已经结婚8年了，有一个6岁的孩子。这个孩子身体有严重的过敏问题，食欲不振，胆小怕生，语言能力也不如同龄儿

童。夫妇俩焦急万分，带着孩子四处求医，却始终未能确定过敏原。最终，他们求助于专业的特殊儿童教育机构。专家在对孩子进行测试后，又详细询问了夫妇俩的生活方式，终于找到了问题的症结。原来这对年轻的夫妻在事业上都很拼，平时在家基本不做饭，经常在外面吃。就餐时，他们各自埋头看手机，孩子也拿着平板或手机自娱自乐，一家人即便同桌也鲜有交流。加班错过晚餐时，他们更是各自洗漱后躺在沙发上刷手机放松。结婚多年，行业差异又大，他们渐渐失去了共同话题。孩子多由保姆或外公外婆照顾，用餐后便是看电视或玩手机，与父母相处的时间极少，尤其是在工作日。教育机构的专家指出，孩子在家里没有互动交流，所以语言能力发展较慢。虽然看电视或者短视频也有文字和语音的输入，却没有互动交流，孩子的语言表达、描述和应对能力得不到锻炼，自然不敢和陌生人沟通。此外，孩子表现出来的过敏症状在很大程度也与这种相对"封闭"的生活环境有关。只有从小接触多样化的新环境和不同的人，孩子才能在各种感官上发展出适应性，逐渐减小过敏的可能性。

教育机构的专家指出这些问题时，这对夫妇才恍然大悟。随后，专家向他们提出了建议：无论多忙，回到家都要放下手机，首先增加夫妻之间的交流，可以从了解对方工作领域的新鲜事物入手，逐步寻找共同话题。专家强调，当父母放下手机，更多地交流时，孩子也会更愿意放下电子设备，与父母进行互动。采纳了专家的建议后，这对夫妇制定了一份"家庭电子产品使用公约"，并签字相互监督。实施这一公约后，他们惊讶地发现，每当夫妻面对面交谈时，孩子就会不时插话提问，渐渐地，父母与孩子之间的交流也频繁起来。孩子的表达能力也随之增强，变得越来越愿意开口说话。

■ 让孩子深切感受到自然和线下世界交往的美好，虚拟世界的社交需求自然会减少

父母应该多带孩子亲近自然，比如，去公园散步、参观博物馆、科技馆，和孩子一起运动，这样孩子就不会经常感到孤独和不被关注，对社交媒体的依赖自然就会减少。另外，父母应鼓励孩子进行小组合作讨论或者完成一些任务、线下的玩耍，或者带孩子去跟比自己略大年龄的哥哥姐姐互动交流，让他们亲身体验到人与人之间近距离交流的美好，而非"social media without social"（看似用社交媒体，却没有真正的社交）。

当然，如果孩子已经到了一定年龄且对社交媒体有了一定的依赖性，要想让他们降低上瘾程度，肯定是有一定困难的。这时候，可能需要有意识地给他们创造一种不同以往的新环境和场景，让他们在一段时间内没有机会接触电子产品，往往能取得一定效果。例如，2023年，我们组织9年级和10年级的学生前往郊区军营参加为期一周的军训，还带领11年级的学生到淅川县进行研学支教活动。这些活动让孩子远离了熟悉的环境，且在活动期间严禁使用手机。许多学生回来后表示，起初感到不太适应，但随着时间的推移，大家逐渐习惯了这种没有手机的生活，并在现实中接触到了以往难得一见的新鲜事物，因此并没有感到

特别难受。当学生返回学校后，他们还能保持几天对手机的疏离感。然而，这只是短期效应。若想将其转化为长期效应，还需家长和老师引导孩子进行反思，形成有深度的总结和自省，从而逐步减少对电子设备的依赖。有必要给孩子提示社交媒体使用的风险，帮助他们建立法治观念和表达的边界。

家长需要帮助和引导孩子既保护好自己，避免被诱导、欺骗，卷入争端、伤害，又让他们意识到不能通过社交媒体伤害别人，要做一个合格的网络社交媒体公民。

我有一个朋友，是计算机专业的硕士。在孩子进入中学，即将频繁使用社交媒体之前，他特意为孩子安排了三次专题课程。起初，我觉得这颇为新奇，也很好奇他授课的具体内容。于是，我向他索要了授课大纲，看到那些小标题时，我深感震撼。"互联网的记忆的可追溯性""账户安全的保护机制与漏洞""社交媒体平台的隐私保护""平台的内容审核与流量分配机制""网络骗局的种类与实现路径""网络违法行为的处罚"……对于中学生而言，这些内容并不晦涩难懂，却是他们在涉足社交媒体前必须掌握的基本素养。尤为重要的是，这种专业性教育，通过深入剖析底层原理，相较于单纯的道德和法治说教，更能让孩子信服并接受，从而指导他们在社交媒体上的行为，既保护自己，也不伤害他人。

总之，在当今这个社交媒体几乎如同空气和水一般不可或缺的时代，孩子们如何适度且正确地使用社交媒体，既显得至关重要，又充满挑战。仅凭孩子自身的自律和认知水平往往难以达成这一目标。因此，家长需要在身体力行、树立榜样的同时，对孩子进行适当的引导和必要的约束。当整个家庭的电子设备使用达到一种适度且自然的状态时，你会发现，这不仅能促进孩子学习状态的改善，还能促进家庭关系的和谐及亲子关系的改善。如此，科技的发展才不会成为人们生活品质的减分项，而是真正成为增进家庭幸福的助力。

第六章

积极健康的心理
补偿机制

> 要做到经历负面事情的时候还能保持积极的心理状态,光靠干巴巴的劝说和教导是没有用的,必须有一些方法论,而最重要的方法或者叫作修复机制就是心理补偿。

第六章 积极健康的心理补偿机制

人活于世，难免遭遇不如意之事，即便是再幸福的人生，也会碰到不顺心、委屈、不公等情况。如何在这些不如意之事发生后，让自己的心态免受过大冲击，至少不被扭曲，甚至能从中汲取经验教训、获得成长？这无疑是人类自拥有情感以来面临的最大挑战之一。可以说，人在顺境中感到快乐是本能，而在逆境中依然能够保持心理健康、积极向上，则真正需要个人的修养与努力。

要做到经历负面事情的时候还能保持积极的心理状态，光靠干巴巴的劝说和教导是没有用的，必须掌握一些方法论知识，本章就是要把一种重要的方法或者叫修复机制介绍给大家，这就是心理补偿。

什么是心理补偿？

注意，这里的"补偿"，不是经济层面或者是法律层面的实际行为发生的补偿，而是心理学意义上的一种心理过程。根据荣格的定义，补偿是一种旨在建立或保持心灵平衡的机制或过程，它的实现方式可以是主动地想象、心理暗示甚至是做梦等。

荣格把梦境视为一种无意识的"补偿"，因为在梦里那些意识情景中串联或者点缀出现的却被有意识地选择阻止出现或者发生的事情都得以呈现出来。比如，我们意识中期待发生却没有发生的事情，也许会在梦境中出现，这其实就是一种无意识的"补偿"。无意识的补偿也是一种补偿，也就是心灵重新平衡的过程，这就是为什么我们做完梦之后会觉得心里突然释然了或者心情变得更加糟糕。

当然，本章的重点不是阐释这种无意识的补偿，或者叫作自发的补偿，而是探讨有意识的补偿是如何发生的，以及如何才能构建一种积极健康的心理补偿机制。

什么情况下补偿机制会启动？既然"补偿"被定义为一种旨在建立或保持心灵平衡的机制或过程，那么补偿机制自然是在因为一些事情的发生或者因为一些情况而使得心灵出现失衡时才会启动。通常来说，在以下三种情况下，我们会发现补偿机制会启动：当我们感到卑微（feeling inferior）时、当我们有愧疚感（feeling guilty）时、当我们感到损失或者不公（feeling loss）时。

补偿机制是如何运行的？什么样的补偿才是积极的？

前文我们提到在三种常见情况下会启动补偿机制。那么，在每种情况下，分别又会有哪些补偿方式？哪些补偿方式是消极的？哪些补偿方式是积极的？清楚这些，能够为真正自主掌握或者启动积极健康的补偿机制奠定基础。

■ 当我们感到卑微时

只要活在世上，每个人从小到大都难免会遇到让自己感到卑微的时刻。这些时刻可能源于我们自身的缺点、不足，或是未能妥善处理的事情，自然而然地在内心引发或多或少的卑微感。卑微感无疑令人难受，我们本能地渴望摆脱这种"失衡"状态，于是，补偿机制便相应地启动。

消极的补偿

消极的补偿往往会有两个方向，分别是过分补偿（over-compensation）和向下补偿（under-compensation）。过分补偿指的是当我们在某一方面感到卑微时，会在其他方面拼命地寻找自信。比如，当一个学生在学习（主科）上表现不好的时候，平时会觉得抬不起头，突然有一天因为唱歌很好而被表扬时，他会表现得很得意，甚至会嘲讽挖苦那些五音不全的学霸。老师如果只看到他嘲讽侮辱别人的行为，当然会批评指责他，但这是这个孩子的本性吗？未必。他只是在长期的卑微感中寻找到了一种"过分补偿"的方式。如果家长或者老师不了解这种补偿方式，也许会轻易给孩子的行为定性，无益于真正解决问题。

向下补偿就是用一种极其消极的方式为自己的卑微事实找理由，从而让自己的内心舒服一些。比如，一个孩子考试没考好，他感到自卑，但很快地他会在内心说服自己：反正我就是老师或者家长眼中的学习差的学生、笨孩子，没考好也是"正常"的，从而内心释怀一些。长此以往，形成了一种恶性循环，这个孩子会建立自卑、负面的自我形象（self-image）。所以说，老师或者家长一定要帮助孩子断掉这样的因果链条，让孩子意识到"这次没考好只代表这一阶段的努力不够"而不是"我的能力就是这样"。

积极的补偿

什么是积极的补偿呢？在弄清这个问题之前，先给大家介绍18世纪英国著名哲学家、美学家埃德蒙·伯克（E. Burke）的一篇经典文章《关于"崇高"与"美丽"的哲学探索》（A philosophical enquiry into the origins of our ideas of the sublime and beautiful）。在这篇文章中，伯克指出"美丽"和"崇高"是有区别的，比如，花园、春天的牧场等，这些无疑都是美丽的，但是这些事物不能称为"崇高"，因为它们不能暗示出某种力量，这种力量是强大的，违背人的意志，甚至会让人感到威胁。然而，另外一些事物，如一望无际的沙漠、茫茫的大海、浩瀚的戈壁滩等，这些都会暗示出力量，一种让人望而生畏的力量，这才能被称为"崇高"。

我的家乡在新疆。上大学的时候，每年寒假坐火车回家，我对什么是浩瀚戈壁都有着真切的体会。火车进入新疆境内后，早上看到的是白雪覆盖的茫茫戈壁。火车以每小时100多公里的速度前行，到了傍晚，窗外依然是白雪覆盖的茫茫戈壁。当时，我就在想，假设列车停靠在戈壁中，我出去透透气，万一没及时赶回来，一个人被扔在了戈壁滩里，我是根本走不出来的。越想就会越害怕，越会敬畏大自然的力量。

其实，不光是在大自然的力量面前我们会感觉到自身的渺小和卑微，很多时候，我们在生活中遇到强大敌人或对手也可能让我们感到卑微。可以说，"卑微"是一种永恒的风险，关键是你能不能以一种新的、积极的方式去看待比自己强大的对手，然后学习他、追上他，并逐渐走出"卑微"。姚明曾在接受采访时回忆起自己刚进入NBA面对奥尼尔时的感受，说他的"那种压迫感完全不一样"。一个瘦弱的新秀面对联盟号称"大鲨鱼"的最强中锋，这样的正面对抗是比较难的，多年后姚明承认那时和奥尼尔"真不是一个级别的"。但姚明没有轻易言败，而是向对手学习。他不断加强肌肉和力量训练，学习对手的跑位、卡身位、抢篮板球等，到了第二、三年，两个人就没有太大的差距了，在之后的几年里双方在交手中也可以说是平分秋色。

当我们感到"卑微"时，积极的补偿方式是什么？那就是深入探寻卑微感的真正根源，勇于承认自己的不足，以及分析对手的优势所在，然后坚持不懈，以谦逊的态度向对手学习。唯有如此，才能逐步摆脱卑微感。作为家长，当孩子因在某些方面表现不佳而感到失落或自卑时，我们应引导他们采取积极的补偿策略，逐步走出这种情绪。

■ 当我们有愧疚感时

每个人犯错后，无论是面对他人的指责还是陷入自我谴责，内心都会涌动着难以名状的痛苦。这种情绪促使我们本能地渴望摆脱心理重负，正是这种对解脱的迫切需求，悄然启动了"补偿行为"的心理机制。

消极的补偿

在我们有负罪感时什么样的补偿是消极的呢？我们先回忆一下自己是否有过这样的经历：漫步街头偶遇衣衫褴褛的乞讨者，耳畔传来他微弱的乞讨声，那双充满期盼的眼睛注视着你。你迟疑着靠近，手指已触及钱包，却在犹豫中最终选择快步离开——或许是不舍零钱，或许是畏惧旁人的注目，又或许是其他难以言说的缘由。走着走着，你忽然心生一丝内疚，觉得自己本应对那位乞讨者伸出援手。然而，我们都本能地不愿让这份内疚破坏了逛街时的愉悦心情，更不愿长久地沉溺于这种自责之中。于是，你的思绪很快转向另一个方向：或许那人是在假装可怜，并非真的陷入困境，只是企图不劳而获；又或者，你安慰自己，即使自己没有帮助他，也一定会有其他人伸出援手，对他没有什么太大的影响。

可能很多人都有过类似的经历，通过这段叙述，我们大致了解了在面对内疚感时，人们如何进行消极的自我补偿。这种补偿方式表现为：对自己已犯下的错误，人们往往会寻找各种借口或理由，以使自己的行为看起来合理，或是刻意减轻错误行为的后果。在之前提及的场景中，我们因未能帮助本应得到援助的人而感到自责，但紧接着，我们迅速在脑海中构想出一系列可能性，不去深究这些是否真实，或者它们发生的真实概率有多大，只要这些设想能够让我们迅速为自己的"不作为"找到"正当理由",从而摆脱自责的纠缠,便心满意足了。

频繁地采用消极的补偿机制会带来什么后果呢?在一项针对多个城市中较为严重的青少年学生伤害与霸凌事件的调查中,众多施暴者在初次被询问时,往往会说:"不全是我的错,是对方先……"如果不深入了解背后的心理补偿机制,我们很难理解这些十几岁的孩子为何能对同窗好友做出如此不可思议的行为。他们可能仅仅因为同学的一句话、一个玩笑、一个表情,或是某个原本并无太多恶意的举动,就向对方施以暴力。这种所谓的"报复"行为,是基于他们自身的仇恨情绪,而这种仇恨又仅仅建立在他们所理解的片面事实之上。这些施暴者并非没有羞耻心和愧疚感,但他们的愧疚感在一次次基于自我编造和叙述的"故事"(而非全面而准确的事实)引发的情绪中被逐渐消解。一旦形成习惯,愧疚感对行为底线的约束作用就会大大减弱。这正是许多人从小错误一步步滑向重刑犯深渊的重要原因。

说到底,负罪感出现时启动的消极补偿机制更像一种"自我催眠"。就像在电影《楚门的世界》(The Truman Show)中,那位将楚门从出生到30岁的人生打造成一部商业秀的导演克里斯托弗,在面对施维亚和楚门的指责时,他辩解道:"我为楚门构建的世界虽然是虚假的,但它却是安全的,外面真实的世界一点也不比楚门的世界谎言、欺骗更少。"这段话不仅是克里斯托弗对他人指责的回应,更是他面对自己内心愧疚感时的一种自我安慰或自我催眠。

作为父母，当我们发现孩子在第一次犯错之后有这样的补偿行为时，就应该及时制止，并且告诉他这样做的危害，否则这样的补偿方式会让孩子在某些方面的道德感越来越低。

积极的补偿

相对于消极的补偿方式，当我们有负罪感时，还可以选择更为积极的方式进行补偿，具体而言，有以下两种。

寻找源头，吸取教训。我们之所以会感到愧疚，是因为我们在某些方面没有做好或者犯了错误。要摆脱这种愧疚感，首先要勇于承认自己的错误或不足之处。紧接着，需要从以往的错误中汲取教训，努力改进。在这个过程中，向信赖的师长或朋友寻求帮助，能够让我们更有效地进行反思。

孩子在成长过程中犯错是很正常的，有愧疚感也说明他们很有责任感和担当，但长时间陷入愧疚会让孩子的身心备受煎熬，心理压力巨大，反而会在很多事情上表现不好，出现新的愧疚。当孩子因做错事而愧疚时，父母应该主动帮助他们纾解心里的压力，并和孩子平等对话，像朋友一样给出改进建议。当然，如果孩子的行为伤害到了别人，或者让同伴失望了，那就需要真诚地道歉，这既是重建与他人信任的开始，也是缓解自己的愧疚感的有效方式。

如果说愧疚感为孩子的进步提供了一个契机，那么积极的补偿方式则为他们指明了进步的路径，并且在一个友善的集体环境中这种作用会被进一步放大。在一种充满包容和鼓励的环境中，个人会因自己的不佳表现而产生自我改善的动力。比如，在班级小组任务中，如果孩子因为失误或准备不足而感到自责，他们往往会在下一次任务中加倍努力；在需要团队协作的运动项目或管弦乐队中，当某个孩子成为团队中不可或缺的一员时，他因表现不佳而产生的愧疚感甚至会激励他走出舒适区，改掉多年难以改正的坏习惯，或实现个人突破。因此，我们应该努力为孩子营造一个既积极又具有一定包容性的外部环境，既确保这种愧疚感带来的心理压力在可承受范围内，又激励孩子针对自己愧疚感的根源——自身的错误和不足，付出更多努力去改进和提升。

学会放下。当然，还有一些事情，我们曾经为之愧疚，为之努力，却发现无论如何都做不到尽善尽美，或者达不到别人眼中的标准，甚至要达到那种标准就得牺牲自我。那么，就勇敢地放下吧，不必再为此愧疚了。

我曾经遇到过一个数学成绩非常好的高中男生，他非常聪明，但偏科却很严重。在外人看来，他在待人接物方面的情商似乎总有些欠缺，说话办事常常让别人感觉不太舒服，尽管了解他的同学都知道他并无恶意。这个男生曾经谈过一段恋爱，但最终因为女生觉得他不懂得关心人而选择了分手。为此，班主任老师特意安排了一位情商很高的男生与他多交往，希望通过潜移默化的方式教他如何更好地与人社交。说实话，这个学霸男生并非没有努力过，他也确实取得了不小的进步，但仍然会经常说出一些让其他同学感到不舒服的话，或者做一些事情时无法体会到别人的想法或预见别人的反应。每当意识到自己的行为伤害了别人，他就会感到很内疚，自己也为此苦恼。直到有一天，他听到了一位老师对他说:"你为什么一定要让所有人都感到舒服和满意呢?如果你已经尽力了,那还是这样,那这就是最真实的你,就不要再去太在意别人怎么想了。"从那以后,他就不再刻意去追求说话和做事如何让别人舒服满意了,他告诉自己,只要自己没有恶意,做真实的自己就足够了。

在这个世界上,有很多事情,我们无论怎么努力都做不到让别人满意,那就勇敢地对一些人、一些事说抱歉吧。

总之,愧疚感同样是我们生活中常见的风险,关键是我们以什么样的方式开启补偿机制。

■ 当我们感到损失或者不公时

不得不说,这可能是"最大"的风险,因为它是如此常见,如果处理不好,危害是如此大。世间芸芸众生,很多人觉得自己的付出没有得到公正的回报,却很少有人会觉得自己的修为配不上福报的。

消极的补偿

当我们在一些事情上感到自己受到损失或者不公正的待遇时,有两种消极的补偿方式,它们都有可能让自己滑向深渊。

由嫉生恨。当我们觉得自己在某些事情上受到了不公平的对待,而别人却得到了原本应属于自己的东西时,内心就会涌起嫉妒之情。进而由嫉妒滋生憎恨,而在憎恨情绪的驱使下,我们可能会对别人发起攻击,甚至摧毁美好的事物。佛家所言的人生三毒"贪、嗔、痴"中，"嗔"是指因违背自己心愿的他人或事物而生出的怨恨。这种怨恨往往会引发争斗和残杀，危害极大。因此，"嗔"念被视为三毒中最重的一种，其过错最深，也是各种心病中最难以治愈的。

　　前几年在中国留学生圈里发了一件让人非常痛心甚至可能对人性感到失望的事情。有两位同时在美国一所理工学院读博士的女生，她们多年一起求学，住在同一套公寓，平日里相互照顾。然而，在博士即将毕业，面临在美国找工作的关键时刻，她们的心态发生了变化。那年就业形势严峻，许多大公司的某些岗位只招一人，这两位同专业的女生心里也不免暗暗较劲。表面上，她们依然彼此关心，共用一个为找工作而建的邮箱。有一天，其中一个女生打开邮箱，发现自己的闺蜜收到了英特尔公司的录取通知，她们同时申请了这个职位，自己却落选了。她坐在电脑面前，久久不能平静，觉得自己各方面都并不比闺蜜差，为什么自己没有得到这个机会？内心的巨大不公感让她心态失衡。在几经思想斗争后，她竟然替闺蜜回复了邮件，表示"不接受"英特尔公司的录取通知。过了几天，那位原本被录取的女生觉得自己面试表现不错，便试着联系英特尔公司询问情况。结果却被告知："我们收到邮件，您拒绝了我们的录取通知。"后来，她向学校报告此事，学校技术部门通过查IP地址，最终确认邮件是从她宿舍的那台电脑回复的，也就是她的闺蜜替她做了"决定"。当她确认真相的那一刻，无比崩溃。她无法想象，那个几乎每天和自己朝夕相处，自己给予信任和帮助的闺蜜，竟然会做出这样的事情。虽然两个人之间存在竞争，但闺蜜原本可以通过许多其他方式来解决自己的困境，而不是这种幻想让自己多一次机会的方式。

通过这个案例，我们看到了什么叫"嫉妒使人面目全非"。当内心轻易认定了自己遭受不公之后，人性中"恶"的一面开启的消极补偿会将我们的行为推向完全失控的境地。最终的结果，往往比最初看似只是"损失"的情况要糟糕一百倍。

置换（replacement）——"这里损失的，那里补回来"。只要是当一个人觉得委屈，觉得没有得到自己应得的，那往往就会想着用其他方式，或者在其他地方得到，也就是所谓的"思滥行"。一个贪官可能会因为觉得体制内收入回报不了自己的付出而选择取得法外收入；一个基层的工作人员可能因为遭受了不公正的待遇而选择通过为难自己的服务对象以获得心理平衡；一个人才可能觉得自己在单位没有得到应得的地位和金钱，而非理性地选择跳槽。

我们都知道，汪精卫起初是一位热血的进步革命青年，但他最终却一步步走向了备受唾弃的道路。其中的原因，就在于他开启了消极的补偿模式。作为孙中山先生去世后国民党内的重要人物，他本有望成为国民党的新领导人，但最终未能如愿。这种心理的不平衡促使他另立"国民政府"。随着局势的演变，他逐渐被历史边缘化，最终铤而走险，选择了投靠日本，建立了"汪伪政权"，从而站在了民族的对立面。汪精卫的人生堕落历程令人扼腕叹息，这背后反映出的深层次问题值得我们深思。它警示我们，当一个人心态失衡时，如果没有及时得到健康的心理补偿，会导致多么可怕的后果。

曾经，一位中学老师分享过一个家庭案例。在这个家庭中，父亲对家庭的关爱不足，对母亲也缺乏应有的尊重，长期在家庭生活中缺位，给母亲带来了巨大的压力。母亲在承受职业压力和生活重担的同时，情绪无法得到有效的舒缓，因此常常控制不住地将脾气发泄在正值青春期的儿子身上。每当儿子与母亲说话语气稍重或未顺从母亲的意愿时，母亲就会情绪失控，甚至落泪，这让孩子内心充满了恐惧。久而久之，儿子变得沉默寡言，沉迷于网络世界，甚至开始撒谎，对亲人产生了敌意。母亲在家庭关系中因缺乏关爱而心理扭曲，这种扭曲的情感最终也严重影响到了孩子的心理健康。

因此，不管是家长还是老师，看到孩子心里觉得委屈却憋着不表达出来，在行为上总以不配合或者暗中对抗（passive-aggressive）的方式表现出来时，一定要格外注意。这种状态其实是源于一种心理：在某些方面未得到满足，就想着在别的地方去弥补。然而，一旦这种行为超出了界限，就会带来难以挽回的后果。

积极的补偿

有人说，遭遇了损失和不公，我怎么还能保持冷静，积极地去看待呢？其实并不然。从某个角度看是损失，但换个角度看，还一定是损失吗？现在看是损失，但五年、十年以后再看，还会是损失吗？所以，当我们感到不公或者遭遇损失时，一种积极的补偿方式就是换个角度来看问题，或者把判断的视角放长远，以一个更长的时间周期来审视问题。

我自己有一段很奇特、现在看来仍非常宝贵的经历,也许能为这个问题提供一个具体的注解。2007年1月,我在北京经历了一段时间的学习生活后,准备前往一家在杭州和绍兴开展业务的教育机构工作。那份工作对我来说是一个全新的挑战,因为在此之前我从未接触过SAT考试,却马上要担任SAT教学主管。我之所以能获得这个职位,一是因为我当时考过了GRE;二是当时国内教SAT的老师并不多。就这样,我在春节前乘飞机到了浙江,与几个新加入的小伙伴会合。当时,教育机构的负责人给了我们团队一项任务:迅速备好课,春节假期后就要开始上课。SAT教学分为词汇填空、阅读、语法、写作四个部分,通常一个老师教一部分。作为教学主管,我被要求准备四个单项,以备不时之需。听到这个任务时,我有点懵了。离上课不到一个月的时间,中间还有春节,要我备好四个单项,怎么可能呢?我当时也觉得不太公平。但转念一想,既然做了教学主管,就应该比别的老师承担更多。而且,负责人的要求也有道理:只有研究了这几个项目,才有资格作为教学主管去评价和指导其他老师的教学;另外,确实需要有个人能在其他老师生病或有事时顶课。这么一想,我就觉得没那么不公平了,于是开始投入到辛苦的备课中。浙江的冬天,屋里没有暖气,我只好偶尔开一会儿空调取暖。为了备好课,我那个春节没有回家,也没有出游,每天就是默默地备课。很多时候,在冷雨夜里,我一个人坐在那里,也会觉得苦。渐渐地,我发现所谓准备四个项目,并不是真的需要花费其他伙伴的四倍时间。因为不同科目之间考察的点是融会贯通的,所以准备四个项目反而能更好地把握其中某一单科的教学。就这样，我熬了将近一个月的时间。春节后，我自信地走进教室，带领团队完成了那一期的教学任务。几个月后，我回到了北京，在一个更大的平台上工作，被同事称为"天上掉下来的全科老师"。在那之后的十余年里，我都与SAT结下了不解之缘。从浙江到北京，再到自主创业，似乎起点都是那一个月里的寒窗苦读。现在回想起来，哪里还有一丝不公或者损失之感呢？

心理学研究表明，延长时间能帮助大脑摆脱即时情绪的束缚。换句话说，它提供了一个缓冲，让人们能够逃离情绪的支配，切换到正常的理性思考模式。为了验证这一点，心理学家设计了一个巧妙的实验，称为"字母追踪"（letter tracing）实验，来观察在不同时间周期下，大脑中自我形象或自我意识的变化。实验设计如下：研究人员随机选取了两组数量相当的参与者，让他们都闭上眼睛。其中一组参与者被要求想象自己明天在沙滩上走路的情景，而另一组则被要求想象自己十年后在沙滩上走路的情景。20秒后，当两组参与者都进入想象状态后，他们被赋予了相同的任务：立即用主用手（通常是右手）的食指，不假思索地迅速在额头上方（食指不接触额头皮肤）轻轻书写出字母"C"。实验结果表明，当人们将考虑问题的时间线拉长时，他们更倾向于站在别人的立场或角度考虑问题，变得不那么以自我为中心（less ego-identified），更有同理心。

这两个例子都清楚地表明，当我们遭遇看似不公或受损的情况时，首先要做的是控制好自己的情绪，然后换个角度去思考，多想想在这样的安排下自己能获得什么。同时，把眼光放长远一些去权衡得失，我们会发现，其实很多时候"一切都是最好的安排"。

退一步讲，即使我们无论如何变换角度或拉长时间维度，都看不到自己从中受益的方面，换句话说，如果我们真的受了委屈或遭受了损失，那也不必过于在意。人要学会在很多时候"放低自我"（low ego），毕竟我们每个人在浩瀚的宇宙中只不过是一粒微小的沙粒，我们短暂的一生也只是宇宙历史中的一瞬。所以，不要把个人的得失看得太重，那样只会让自己的心情随之起伏不定。

"Wounded Healer"——补偿和转化自己的伤痛最好的方式

我曾经看过一部连续剧，叫作《良医》（*The Good Doctor*），有一集的片段至今让我印象深刻：一位妈妈开车载着她十几岁的女儿行驶在马路上，女儿未系安全带。不幸的是，行驶中她们被一辆大卡车撞上，原因是卡车司机在驾驶过程中睡着了。女儿被紧急送往医院抢救，但最终医生宣布了女孩脑死亡的消息。母亲陷入了深深的痛苦和自责之中。与此同时，医院里正有一位16岁的女孩莫莉，她曾因一场意外毁容，却始终保持着乐观的态度。医院院长和医生经过商议，决定去找那位因交通事故失去女儿的母亲，希望她能同意将女儿的面容移植给莫莉。可以想象，最初那位母亲是多么抗拒这个提议。然而，当她见到莫莉时，看到这个和自己女儿年龄相仿、同样天真可爱的女孩，如此乐观地面对毁容的现实，她的内心被深深触动了。最终，她同意了进行面容移植手术。当莫莉手术成功，以新的面容出现在众人面前时，那位母亲激动地走上前，亲吻了这个既陌生又熟悉的面孔。在那一刻，她仿佛看到了自己女儿的笑容，心中的自责和悲伤也得到了释放。

这位母亲就是一位典型的"Wounded Healer"。这是首先由荣格提出来的概念，指的是那些虽经历人生痛苦，但痛苦经历却成了他们去帮助别人动力的人。这些人把自己的痛苦转化为对别人的帮助或者馈赠。其实这是一种人生态度，一种面对人生不幸的态度，它让自己人生中的不幸赋予了深刻的意义，其实某种意义上对别人的帮助和馈赠成了治愈自己最好的良药。相比很多人"自己得不到的就一定要毁掉它，不让别人得到""自己遭遇不幸就见不得别人好"的态度，"Wounded Healer"不仅是面对自己遭受的痛苦的一种体面，更是一种通过保留和重建"美好"从而弥补和治愈自己的不幸和痛苦的最好方式。

在上述提到三种重要的情况（感到卑微、感到愧疚、感到损失或者不公）下，我们的心态都有可能失衡，而在心态失衡的情况下，我们会启动补偿机制。每一种情况下，我们都有可能采用消极或积极的补偿方式。有人会问，我们怎么能保证每次或者大多数时候能启动积极健康的补偿方式呢？当然是需要通过训练的，所有训练的基础是在事情发生的第一时间节制情绪，因为这是理性思考的前提。然后，慢慢地尝试使用积极的补偿方式，久而久之，就会形成一种习惯。

　　本书第三章曾经说过要培养"心理韧性"，而本章谈到积极健康的补偿方式则是建立心理韧性最好的、具体可行的操作方法，也是我们活在这个世界上面对不可能事事顺心的真实境遇能做的自我调整。它也许原本意在让我们的心态在不平衡时尽力恢复平衡，却可能带来远远比这更有意义的结果。

第七章

走出"佛系",
走进"心流"

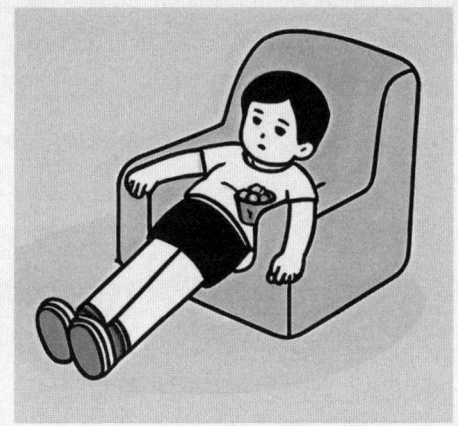

我们不能一味地指责现在的孩子不够努力,我们需要分析"躺平""摆烂"背后深层次的原因,想方设法让他们体会到"心流",感受学术之美,并且最终和他们一起修行,体会到什么是真正的"佛系"。

2023年，我和一位做职业教育的朋友聊起他所在行业的发展状况时，他分享的一种情况让我大为惊讶。我们通常会认为，对于职业教育而言，除了课程设置的实用性和教学质量外，最大的难题应该是如何帮助高等职业院校的毕业生找到工作。然而，他却说帮毕业生找工作确实是个挑战，还有一个同样大的挑战是劝说这些毕业生去就业。我听完这话，一时愣住了。在当下工作不好找的大环境下，竟然还有人不愿意去工作？他看出我的惊讶，解释道：现在一些毕业生毕业后并不急着找工作，也不创业，就待在家里，靠父母养活，似乎并没有那么迫切地去工作挣钱。我问道：这是"躺平"吗？他点了点头，说："差不多吧！"

不过，不仅高等职业院校的毕业生，就连普通院校的大学生、初高中的学生也出现了"佛系""躺平"，甚至"摆烂"的现象。不知何时起，"佛系"和"躺平"成了许多年轻人身上的标签，也让家长感到无比苦恼。"佛系"看似随遇而安，其实并不是真正意义上的觉悟，而是在逃避现实的不完满和压力。而"躺平"看似看淡竞争、主动追求低欲望，实际上是一种不作为、不努力、不反抗的生活态度，反映了人们对现实挑战和压力的逃避。互联网上流传的一句话"在上学和上班之间，我选择了上香"，非常生动地体现了当下某些年轻人的"佛系"心态。面对这些社会现象，我们不禁要问：为什么年轻人会选择"佛系"、"躺平"甚至"摆烂"？除了家庭条件存在差异，是否还有其他因素在起作用？

为什么会"躺平"?

从学生自身来看,"佛系""躺平"背后的主要原因可以概括为以下几点。

■ 找不到做事的意义

2022年5月,有两名12年级的学生对本校和外校同学做了一项问卷调查,结果发现,"正在摆烂"或者"曾经出现过摆烂"的学生比例居然高达54%。当问被调查者选择"摆烂"的原因时,有75%的学生回答"觉得自己的努力没有用或者没有价值"。

2020年以前,我基本上是不跑步的,就算跑也很难坚持到2公里,我一直没觉得跑步到底有什么用,因此也就不会去行动。2020年春天,疫情导致停学,情况发生了变化。那时候,我每天心里都琢磨着什么时候能线下开学,压力很大,我就去做了针灸。针灸后,感觉身体轻盈了不少,突然就有了想运动的冲动。于是,我就开始跑步了。真的,那时候我根本没想到自己能跑到什么程度,也没想到跑步会给自己的身心带来什么改变。就是单纯有了兴趣,然后就行动起来了。慢慢地,我从1公里多跑到了2公里、3公里、5公里,后来甚至能在51分钟内跑完10公里,我自己都不敢相信。更关键的是,跑着跑着,我不再总是想着疫情的事情了,脑袋里清空了许多,心情也好了很多。半年里,我坚持跑了500公里，身体状态明显好了很多，抵抗力也增强了。自从开始坚持跑步后，感冒发烧的次数明显减少了。

后来，我反思自己的经历，有许多感悟。我不禁会问自己一个问题："先有价值观，后行动"还是"先行动，后形成价值观"？我们往往认为是前者。很多时候，当我们躬身入局做某件事时，是想不清楚它的意义的，那怎么办呢？那就不要等想清楚了再行动，只要有兴趣就行动起来，慢慢地在做事的过程中，这件事的意义就会逐渐显现出来。

当遇到那些因为"觉得自己的努力没有用或者没有价值"而选择"躺平"或"摆烂"的孩子时，家长或老师应该鼓励孩子多去尝试，广泛接触不同事物。不用过分在意事情的大小，只要不是不良的事物，就应该鼓励孩子去追求。当他们内心对某件事物产生兴趣时，那就是他们生命活力的信号。跟着这个信号迈出一步，哪怕只是很小的一步，他们都会发现事情在慢慢发生变化。然后，他们会逐渐意识到"我的努力真的很重要"，从而渐渐逃离滑向"佛系"陷阱的深渊。

■ 移情[①]作用

在介绍什么是移情作用之前，我们先回顾一下著名电影《心

[①] 本书提到的"移情"，特指斯科特·派克的《少有人走的路：心智成熟的旅程》中的定义，即把产生于童年时期，并似乎一直适用的对现实的观念和反应不恰当地转移到成年人的世界里，类似于童年反应模式迁移（childhood reaction pattern migration）。

灵捕手》(Good Will Hunting)的剧情。麻省理工学院的著名数学教授蓝波经常会在教室外的墙上写下非常难的数学题，然后让学生去解。结果能解出来的居然是一个在学校从事清洁工作的男孩威尔·亨廷顿。然而，威尔是一个非常叛逆的问题少年。为了帮助威尔，蓝波教授请到了著名的心理疗愈师肖恩来帮助他回归正常生活。然而，这个过程非常艰难。肖恩试图去让威尔认识到自己身上善良的、积极的因素的时候，都会让威尔心生警惕，甚至处处对肖恩进行攻击，通过挑衅来让肖恩陷入对自己过去的羞愧之中，气得肖恩差点想放弃他。威尔不愿意承认自己生活里有真善美，也不愿意承认自己身上仍然保留着向往真善美的一面。甚至有一个心仪的哈佛大学女孩真心爱他时，他也时时表现出敏感和怀疑……

我们看似无法理解主人公威尔的行为：他怀疑并排斥别人对他的信任和关爱，不相信自己所看到和感受到的一切。然而，如果我们了解了移情作用的概念，就能在一定程度上理解威尔为何会有这样的行为了。移情作用是指把童年时期产生的，适用于童年时期的对世界、对周围人的反应（往往是负面的）的方式照搬到成年后环境里的人或事，不管这些方式是否还适用于新的环境。《心灵捕手》中的主人公威尔出生并成长在南波士顿的工薪家庭中，家庭背景影响了他的初始状态。电影中展现的家庭环境充斥着经济困难、家庭冲突和亲子关系的紧张。威尔的父亲早逝，他在一个充满挫折和不稳定的环境中长大，这给他内心留下了情感创伤，也让他产生了疏离感。在人际关系中，他因此感到困惑和不安。威尔的家庭背景是他叛逆和不合作态度产生的重要原因，他常常表现出对权威的抵触和对社会规范的不屑。家庭历史的烙印深深地塑造了他的初始状态，使他变得封闭、防御，不愿直面自己的情感问题。尽管成年后，他遇到了欣赏并爱护他的数学教授，有努力帮助他的心理治疗师，还有真心爱他的女孩，但他仍然沿用童年时期对周围世界的认知方式来看待一切。

有时，我们会看到一些年纪尚小的青少年表现出特别负面的态度，他们常说："我不相信任何人的承诺！"殊不知，这背后或许隐藏着他们童年时父母无数次未兑现的承诺。也许是父母答应孩子考个好成绩就送他们一辆自行车作为奖励，也许承诺一周都按时完成作业周末就带他们去公园玩，诸如此类。或许父母在给出承诺或未能履行承诺时，并未意识到这对孩子会造成怎样的影响。渐渐地，孩子会得出一个结论：父母的话是不可信的，进而将这种不信任迁移到所有成年人。移情作用的痛点，不是在于孩子在后续的人生中没有机会重新修订他们认知的"外在世界地图"，而是在于他们可能会主动放弃这样的机会。

我曾经遇到过一个9年级的男孩，他对班里的其他孩子都充满了攻击性。当别人向他示好时，他会不屑地说"假惺惺"，他觉得其他同学并不是真心喜欢自己，也不认可他这个刚转入班里的新学生。当老师告诉他，只要他在各方面努力，把事情做好，表现好了大家一定会认可他时，他却认为这些都是PUA，即使自己付出努力也没有用。他表面上表现得很独立，实际上内心非常需要帮助。后来，我和班主任老师一起约见了这位新生的爸爸，在我们把事情的严重性说完之后，他难为情地分享了孩子童年的经历。在孩子还小的时候，他和妻子就离婚了。他经常在外出差，很少关心孩子的生活和感受。孩子随他辗转过几个城市上学。后来，他组建了新的家庭，但孩子和继母很少说话。孩子在成长过程中，很少能得到父亲的关心和继母的认可。在这样的家庭环境成长，孩子对很多事情都会形成负面的看法，当老师说"只要你努力，你就会获得大家认可"时，显然与他在儿时形成的并迁移到中学时代的认识是相违背的，所以他自然也就不会相信，从而会选择"摆烂"。

正如电影《心灵捕手》中展示的那样，移情作用非常难以矫正，需要一点一点地提醒童年受到创伤的人：童年的经历已经过去了，童年的环境已经改变了，需要调整反射外界的方式。这种矫正需要让当事人持续地接受积极的反馈，这个过程中可能会有反复，而且一旦因严重的反复而中断，就很难继续下去，要想再次启动这个过程会难上加难。不论如何，了解一些看上去"摆烂"的学生背后的家庭环境和童年成长经历是非常必要的，我们需要确定这样的孩子身上是否确实发生了移情作用。

■ 习得性无助

习得性无助是指个体在经历了长期无法解决的问题后，会陷入一种无助的状态，觉得自己无法控制或改变当前的处境，因此

---

② 最近发展区理论认为，学生的发展有两种水平：一种是现有水平，指独立活动时所能达到的解决问题的水平；另一种是可能的发展水平，也就是通过教学获得的潜力。两者之间的差异就是最近发展区。

在面对类似问题时，往往会选择放弃或表现出无动于衷的态度。习得性无助的具体表现包括轻易放弃、对问题无动于衷、情绪持续低落及自我评价明显降低等。

桑迪老师是一名刚从美国某知名大学毕业的学生，最近入职了一所国内的国际化高中，教授科学课。学校考虑到她教学经验有限，让她先教了一个普通班（与荣誉班相对），也想着用这个老师的名校背景激发学生的学习热情。然而，几个月过去了，这个班孩子的请假、缺勤率越来越高，学生的成绩也出现了明显下滑，最关键的是学生的学习状态非常不好。后来，学校找了班里的学生座谈，学生普遍反映听不懂老师讲的内容。桑迪老师讲得太快了，听不懂的内容越来越多，学生就会觉得越来越无助，很多人干脆对这门课持"摆烂"的态度。后来，学校把学生的意见反馈给桑迪老师时，她很委屈，觉得自己已经解释得够详细了，可为什么学生还是听不懂呢？或许，从桑迪老师自己作为学霸的学生经历来看，这样的课程进度已经算是很慢了。她却未能充分理解那些基础相对薄弱的孩子的学习起点和特点。

家长在给孩子制定目标或者安排计划时，应该充分考虑孩子的特点，而不能仅凭自己单方面的愿望来行事。根据心理学家维果斯基的"最近发展区"理论[②]，当给孩子布置一些适当超越他们现有能力的任务或者设定这样的目标，并以鼓励的方式促使让他们尽力去完成，可以帮助孩子收获成长。然而，如果任务远超孩子的能力，实现目标的希望极其渺茫，孩子反而会选择放弃。

如何治愈"躺平"?

2023年12月的一天,北京迎来了一场罕见的大雪,当天中小学都停了课。我朋友的孩子,小刘同学,一大早便跟父母打了声招呼,说要出门去,随即拿起相机就出了门。一整天都杳无音讯,直到晚饭时分,才手里紧握着相机回到了家。父母连忙问他去了哪里,小刘兴奋地说,他在景山和北海拍了一整天的雪景,连中午饭都忘了吃。父母本想责怪他几句,但当小刘把自己拍摄的照片展示给他们看时,两人都惊呆了。相机镜头里,京城的雪景美得令人窒息。父母这才意识到,孩子对摄影的热爱不仅仅是一种爱好,他的摄影水平已经很高。更让他们感到意外的是,这个平时总觉得学习缺乏专注力的孩子,竟然能够一整天连饭都不吃,坚持拍好每一张照片。

人最佳的状态到底是什么样的?当然不是消极悲观,也不是故作积极,甚至不是无忧无虑,而是一种基于兴趣的、几乎全身心的投入,这种状态被称为"心流"(flow)。"心流"这个词最早是由芝加哥大学原心理学系主任米哈里·契克森米哈赖(Mihály Csíkszentmihályi)于1975年提出的。这样一种忘我的投入状态,会把一个人带入另一个世界,而自己只是这个单一世界故事里的一部分。

虽然我们希望能尽可能多地体验到"心流"状态,但它却并不是轻易就能实现的。沃顿商学院教授、组织心理学家亚当·格兰特（A. Grant）的研究进一步指出，要真正进入一种"peak flow"（高阶心流）的状态，必须满足三个条件。

■ 成就感

简单地说，成就感（mastery）就是一个人得能看到自己所做的事情、所从事的事业能有进展，哪怕只是很小的突破。作为一名多年从事中学教学的老师，我对此深有感触。在这个快节奏的时代，我们常常感叹，对学生说"失败是成功之母""99次失败只是为了最后的成功"这样的话，显得如此苍白无力。很多学生更愿意相信"成功才是成功之母"，因为成就感能让他们建立信心，让他们确信自己没有白费时间和精力，也给了他们坚持下去、取得更大成功的动力。

至今还记得小学发生在我身边的一件事。那时候，我上2年级，和邻居家的孩子一样每天要走5公里才能到学校。后来，同学们渐渐地学会了骑自行车，也就开始用自行车代替步行上学，可我却始终没有学会骑自行车。客观地讲，对于2年级的孩子来说，那个年代带横梁的"26式"或者"28式"自行车还是显得太大了，要想跨过横梁骑上去而且保证自行车不摔倒还是有难度的。我试了很多次都失败了，不管成年人或者朋友怎么教，我都没学会，最后都想放弃了。突然有一天，我晚上睡觉时做梦，在梦里梦见了自己骑上自行车的姿势。早上醒来，我兴奋得马上跑出家里推着自行车就上路了。神奇的一幕出现了，我居然真的一下跨过了横梁，把自行车骑了一段，后来尽管还是摔倒了，但这次的成功给了我巨大的信心，给了我继续练习下去的动力。经过一段时间的练习后，我终于熟练地掌握了骑自行车的技术。

其实，现在很多中学生让父母担忧的，并不是他们在哪方面没做好，而是孩子对做任何事情都失去了兴趣。这种兴趣丧失的背后，一个很重要的原因就是孩子失去了信心。正如心理学家指出的，日常生活中，让人获得动力与愉悦感的最大因素是进步的感觉，这种感觉并不一定来自巨大的成就，也可能源于一些小的成果。

可以想象，如果孩子做事情没有成就感，也得不到认可，那又怎么能指望他从中获得快乐并坚持下去呢？我曾经遇到过一位非常绝望的母亲，她的儿子刚上高一，16岁。她向我描述，儿子厌学，没有什么特长，对什么都提不起兴趣，显得死气沉沉。我问她："孩子有没有特别感兴趣的事情呢？"她回答道："没有，几乎对所有学科都失去了兴趣。"我又接着问："那他有没有喜欢的运动，或者音乐之类的爱好呢？"母亲沮丧地说："小的时候学过一些，但都没能坚持下来，现在感觉他什么都不行，没有什么特长。"从妈妈的表情中，我能强烈地感受到一种低落和压抑，我的内心也在想孩子是不是也是一直在这样"不被看好"的环境中长大的。我很耐心地接着问："您再想想，看看孩子有没有其他愿意投入时间和精力做的事情？"这位母亲停顿了半天，很不好意思地说："孩子就对烹饪，尤其是烘焙感兴趣，喜欢花时间研究做饭。"我听到这句话非常兴奋，马上提高了音调，说道："多好啊，男孩子愿意花时间做饭多难得啊！"可是这位妈妈立马反驳道："男孩子做饭好有什么用？"我听到她的话,感受到了母亲对孩子的期待,于是很平静地回答道:"您想想,等您将来有一天老了,能吃到儿子做的香喷喷的饭,那比多少家长都幸福啊?"听到这句话,我明显感觉到了这位母亲眼神的反应,我想她应该是听进去了。于是,我继续说道:"孩子既然愿意花时间去研究菜谱和做饭的技术,说明孩子有学习的意愿。您能跟我详细说说孩子这几年的情况吗?"在接下来的半小时里,这位母亲详细跟我说了孩子的成长经历,尤其是进入中学之后的经历。初二之前,孩子的学习成绩在班里是中上水平,父母对孩子的要求很严。到了初二,孩子学数学和物理开始感到吃力,成绩下滑,父母没有关注到孩子心理压力的增大,只是一味地给他加码。孩子在艰难地熬过中考后,进入高一便彻底厌倦了学习,厌学情绪彻底爆发,对许多事情都失去了兴趣。于是,我给这位家长提出了自己的建议:"下次,当孩子认真地投入烹饪或烘焙时,您要在心里感到高兴,并且最好表现出来,让孩子感受到您的喜悦。甚至可以鼓励孩子把自己烘焙的作品分享给同学和朋友。要让孩子明白,做好一顿饭或烘焙出一份甜点也是一种很了不起的成就,通过这种方式帮助孩子找回久违的信心。从烹饪开始,然后慢慢观察他还能对哪些事情产生兴趣。"大约两个月后,我突然收到了这位母亲的一条信息:"我现在不再那么在意他的学习成绩了,因为我现在至少看到了一个充满活力的孩子。如果他对某些学业内容感兴趣,我就会鼓励他,也会为他取得的哪怕是一点点的成绩而高兴,但不会再强迫他学习。"看到这条信息,我真的非常高兴。我相信,有了这样的心态,孩子的情况一定会越来越好。

■ 专注力

专注力（mindfulness）是一种坚持做自己的事、坚守自己内心的声音的能力。一旦是自己选定有兴趣要做的事，那就要做到"抗干扰"：既要扛得住诱惑，又要克服得了困难。苹果公司的创始人乔布斯在2005年斯坦福大学毕业典礼上演讲时，提到自己大学时期被迫辍学之后在里德学院继续待了18个月。这18个月里，他被学校所开的Calligraphy（艺术字）课程深深地吸引了，于是每次的课程从来不错过。其间的艰辛是常人不能承受的，每天住在朋友宿舍的地板上，每天捡5分钱一个的易拉罐，就为了换钱买食物，每周末要走7英里去附近一个教堂吃一顿施舍的大餐……除了这些困难以外，外界的诱惑和干扰也是需要定力去克服的。同学们都嘲笑说学艺术字有什么用啊？周围的朋友有的打工挣钱，有的去创业，都觉得他把时间用在学习艺术字上没有前途。然而，这一切都没能干扰到他，他坚持着自己内心的选择，并没有想到在10年后他在生产出第一台苹果机的时候，当年学习艺术字的灵感全都用上了，这也是苹果电脑的界面设计如此充满艺术感的重要原因。

■ 意义感

意义感（mattering）是指一个人清晰地意识到，自己所做的事情对自己、周围的人和社会都能产生积极的影响。可以说，这是让一个人进入高阶心流的重要条件，因为只有当一个人意识到自己的努力能对他人产生如此深远的影响时，他才会拥有克服前进道路上一切困难的动力。这里我愿意分享两个非常有趣的案例。

我们学校每学期末都会组织义卖活动，学生们会把自己的物品或艺术作品拿出来拍卖。通常，这些所得款项学校会统一捐给公益组织。有一次，爱心社的老师策划了一次特别的公益募捐活动。老师们先与一所听障儿童特殊学校取得了联系，然后让学生们了解了一位女孩的特殊经历，以及她急需一台专业助听设备的情况。得知这一消息后，学生们自发组织了一次义卖，而这次活动的筹资速度之快、效率之高、热情之高涨，都是以往义卖活动所无法比拟的。原因其实很简单：他们深知，每多卖出一件物品，每早一分钟筹到钱，就能让那位需要帮助的女孩早一天戴上助听器。这就是意义感在驱动着他们。

学校过去的几年里一直有老师和中学学生一起参与"环校园5公里公益跑"活动，这是一项自愿参加的活动，参与跑步者无论是学生还是老师都可以向没有参与跑步的教职员工发起募捐，所得善款都将捐赠给偏僻地区的孩子。令我非常惊讶的是，这项冬天在户外举行的活动，吸引了很多师生参加，尤其是一些平时甚至会找各种理由逃避上体育课的女生居然也参加了活动，而且还全程坚持了下来。

"意义感"是一种非常神奇的力量，当个体意识到自己的努力能够真正对他人产生积极影响时，就会充满干劲儿。因此，作为家长，我们应该思考如何让孩子认识到自己的重要性，让他们明白，他们的付出能够实实在在地改善他人境遇。

转出自我，人生更辽阔

当孩子的状态不佳，特别是既缺乏活力，又觉得生活毫无意义时，我会建议家长带孩子出去旅行，让他们看看不同的山河大海，尤其是那些他们平时接触不到的世界的另一面。2021年，我动员我们的学生去"南水北调"的水源地进行研学支教。当我告诉他们，北京市民喝的水有超过七成来自丹江口水库时，孩子们的第一反应是惊讶。他们从未想过，自己每天喝的水究竟来自哪里，这个信息让他们既感到惊讶又觉得有趣，激发了他们前往水源地的初步兴趣。后来，我们的学生来到水库北侧的淅川县，目睹了水库的壮观，并了解了库区人民为建设南水北调工程所做出的巨大牺牲。当他们走进当地的大石桥乡中心小学，看到那里简陋的设施和纯朴的孩子们时，他们的视野被进一步拓宽。孩子们真心地投入到与小朋友的交流中，甚至那些平时对学业不太上心的孩子，也非常认真地备课，准备支教的内容。

让我记忆最深刻的一幕是，有一次我和一些学生一起去丹江口市，在丹江口工程展览馆里，我看到几名学生不约而同地驻足在一张拍摄于1958年11月15日的老照片前。照片中，比我们高中生大不了多少的青年男女在初冬季节进行着挑土比赛，他们满脸洋溢着笑容，似乎从未感到过疲倦。在接下来的几天里，随处可见的"没有比守护一库清水更大的责任"宣传口号，无不让人为之动容。我常常想，我们时常因为个人的得失而郁闷纠结，甚至心灰意冷，不愿再做事，这在每个人特定的情境下，似乎都很有道理。但是，我们有没有想过，在我们为个人的情绪或更高的发展性需求纠结的时候，那些为我们做出牺牲、负重前行的人，可能还没有完全解决基本的生存需求。想到这些，也许我们就会少一份纠结，多一份"转出自我"的动力。我把这些想法分享给了学生，并和他们一起投入到水源地的每一次考察、每一次支教行动中。当这些学生再次回到学校的时候，我发现他们中的许多人都在悄悄地发生着变化。

让孩子感受到学术之美，摆脱"厌学"状态

对学生来说，走出"佛系"状态的核心任务还是要重新燃起对学习的热情。很多孩子对学习提不起兴趣，有一个很重要的原因是觉得学的东西很无聊，也似乎没什么真正的用处。这种情况，如果老师能把所教的东西和学生的生活甚至是人生联系起来，那就会让学生感受到学术的真正魅力。在这一点上，其实不是只有自然科学的实验能够做到，许多相对抽象的学科其实也能做到。

疫情期间，我去听一位数学老师的课，他正在给学生讲概

率论中的"条件概率"。学过概率论与数理统计的人都知道，"条件概率"是概率中第一个真正开始有难度且又非常重要的知识点。这位老师为了让大家真切体会到概率论的用途，把所学的知识和核酸检测联系起来，比如，通过不同的概率来估算核酸检测的准确率，为什么"十混一"的检测方式可以提高检测效率，等等。在那些几乎每天都要做核酸检测的日子里，理解这些实践背后的概率论知识，反而变成了不枯燥、有意思的事情。后来，我还曾听到这位老师在教"统计假设检验"时，让学生练习去做模拟法官，用置信度（confidence）和概率（probability）来描述嫌疑犯作案的可能性。孩子们突然对原本不感兴趣，甚至觉得难以理解的"假设检验"知识产生了浓厚的兴趣，他们主动先去研究、学懂"假设检验"的原理和操作方法，然后将其应用到自己需要判断的"案件"中去。

在给高中生教"微观经济学"这门课的时候，讲到"消费者选择"的最优原则时，我会带着学生推导出"消费者会选择自己预算线与无差异曲线相切的点作为最优的消费组合"的结论，见图中A点。然后，继续问道：假如某个消费者原本每个月可支配收入是2000元，可公司业绩突然下滑，奖金减少，导致他的可支配收入下降到1000元。这时候，又该如何做自己的消费选择呢？正确答案是：消费者还是要在新的给定预算约束下做出最优选择，也就是说还是要找"新的预算线和无差异曲线相切的点"（A'，而不是B点或者C点，因为A'点在更高效用水平的无差异曲线上）。换句话说，即使遇到了意外的"不幸"，改变的可能是选最优选择之后的组合点，却不能放弃做最优选择的原则。

讲到这里,我通常不会就此止步,而是会进一步引申到学生的人生选择和决策上。人们往往在顺境中能够意识到,要根据面临的客观条件做出最优选择。然而,一旦遭遇不幸或意外的损失,情绪往往会战胜理智,让人忘记了即使面对"外生冲击",也应该坚持最优选择的原则做出决定,而不是自暴自弃,让自己陷入更糟糕的境地。接着,我会引导学生回想自己是否有过这样的经历。一名学生的自述令我印象深刻:他小时候去妈妈的朋友家玩,临走时,妈妈的朋友托他带回欠妈妈的200元钱。结果,他离开后又去了别的地方玩,不小心把200元钱弄丢了。因为害怕被指责,他选择了隐瞒这件事,导致妈妈和妈妈的朋友之间产生了长时间的误会,他自己也在妈妈朋友眼中变成了"不诚实的

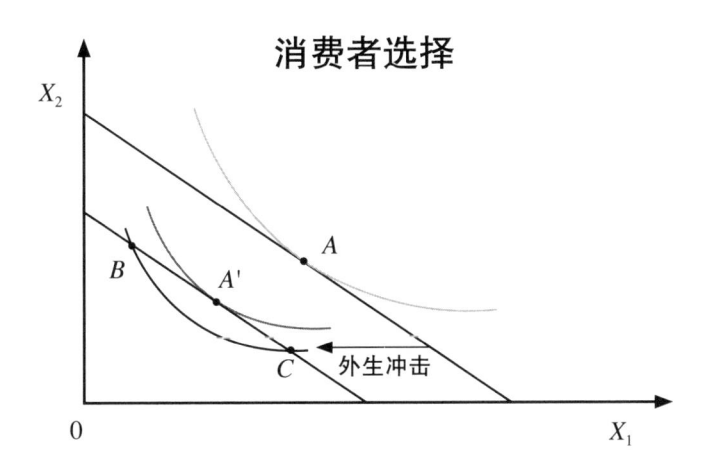

消费者选择

注:图中平行的曲线代表消费者偏好的无差异曲线,越向外代表的效用水平越高;平行的直线代表消费者的预算约束线,越向内表示可以用来消费的支出变少

孩子"。这名学生发言后，很多学生陷入了沉思，似乎想起了自己曾经在不顺、逆境时本可以做得更好，却因为情绪的影响做出了损失更大的决策和选择。作为老师，这时我脑海中浮现出了大教育家赫尔巴特的名言：没有无教育的教学，也没有无教学的教育。

什么是真正的"佛系"？

《墨子·公输》中记载了关于墨子"止楚攻宋"的故事。当墨子听说公输盘（鲁班）为楚国国君建造了攻城的云梯准备攻打宋国时，身为宋国人的墨子星夜兼程，经过10天急行，来到楚国，见到了公输盘，给他讲道理，说服他放弃攻打宋国的想法。公输盘说楚王已经拿定主意，自己改变不了。于是，墨子就要求公输盘引荐自己去见楚王。见到楚王后，墨子用几个精妙的比喻分析道：楚国地大物博，物产丰富，而人口不足，而宋国面积狭小，物产贫瘠，楚国牺牲自己的人口去打仗而根本不会有什么收获，既是不正义的，也是不明智的。楚王听完，认可墨子说的道理，不过他说道："公输盘已经造好了云梯，不得不攻宋了。"于是，墨子提议拿出木片，在沙盘演练，结果公输盘用了多种战术攻城，都被墨子一一击退。最后，公输盘暗示只有杀死墨子才能攻下宋国，不过墨子早有准备。他告诉楚王，在他来之前，已派弟子禽滑釐率领300人带着自己的守城方略赶往宋国。最后，楚王不得不放弃攻打宋国的念头。可是，当墨子做完这一切，回程经过宋国的闾村时，天降大雨，守门人却不让他进城门躲雨。墨子没有抱怨，所谓"治于神者，众人不知其功"，他没有向守门人述说自己的功绩，更没有因为自己的遭遇而改变做事的原则。

这个故事让我想起了王国维的一句话：以入世之心做事，以出世之心做人。人要去做正确、积极的事情，而且要全身心投入地去做事，否则就是在浪费自己的有用之身。对于做完事情之后个人需要面对的回报或者经历的风雨，应该以平静恬淡的心态去面对。这才是真正的"佛系"。正如《菜根谭》中所说：风来疏竹，风过而竹不留声；雁度寒潭，雁过而潭不留影。故君子事来而心始现，事去而心随空。

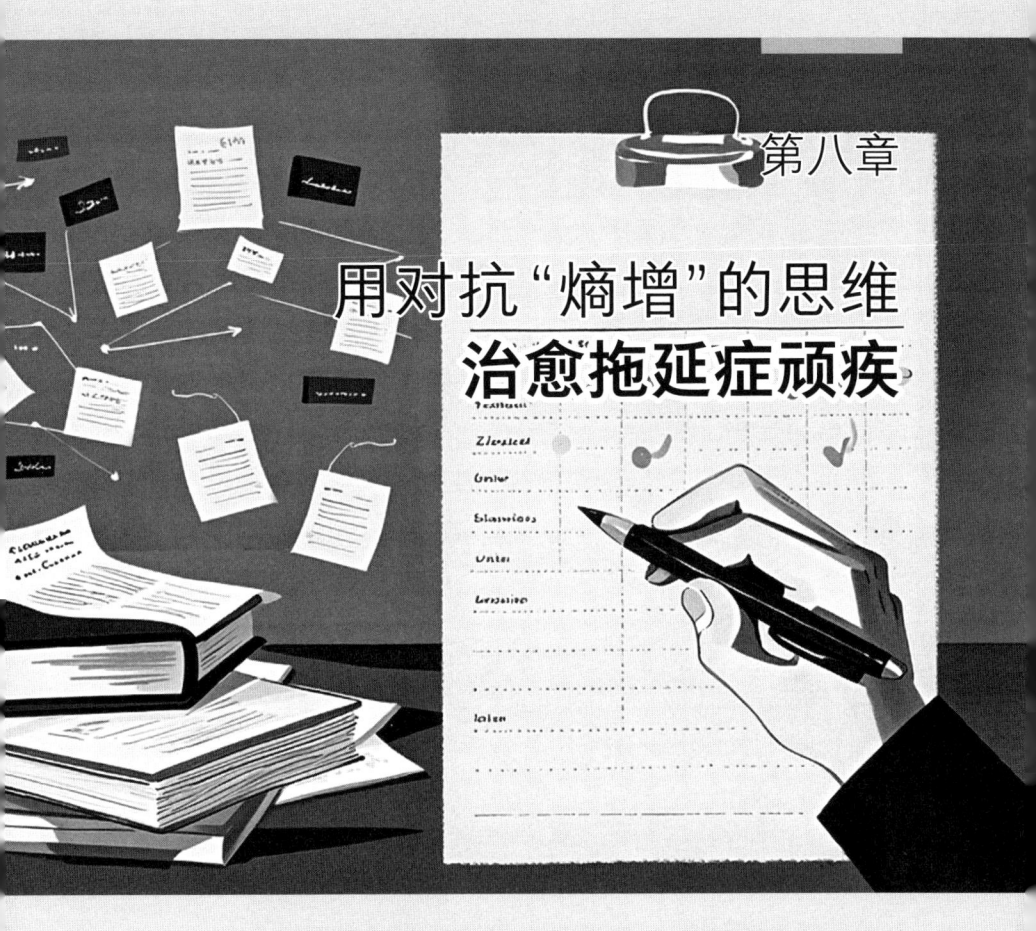

第八章
用对抗"熵增"的思维治愈拖延症顽疾

说起如何克服拖延症,相信每个人都能提出很多建议,比如制定自己的to-do list(待办清单)、把大的任务和目标分解、设置deadline(截止时间)、设立奖励机制等等……可是当一个有拖延症,尤其是重度拖延症的人用这些建议来应对的时候就会发现,要么根本还没有启动就夭折了,要么就是根本坚持不下去。因此,必须有新的思维来突破原有的顽疾。

在这个世界上，只有少数事情能让人们一刻也不拖延地去做，而绝大多数事情，人们通常都会倾向于拖延。在动画片《哆啦A梦》中有这样一个故事：大雄的作业拖了很久，眼看第二天就要交了，他却不想写，于是找到哆啦A梦帮忙，为此还专门给他做了好吃的铜锣烧。哆啦A梦觉得自己也写不完，于是想出了一个"好办法"——用时光穿梭机叫来了2个小时后、4个小时后、6个小时后、8个小时后的自己，五个人一起写作业，从晚上9点写到了10点40分，终于写完了，然后大雄就入睡了。可是没过多久，2个小时后的哆啦A梦又把他叫醒，帮着2个小时后的哆啦A梦写作业。写完没多久刚躺下，又被4个小时后的哆啦A梦叫醒……就这样，他被2个小时后、4小时后、6小时后、8小时后的自己折腾了一个晚上，一直在写作业。

这个故事告诉了我们两个道理：其一，即使我们现在不想做的事情，不管拖延多久，任务并不会自动减少，也不会变得更容易；其二，不管拖延多久，最终还是只能自己把它完成。

既然这样，我们为什么还要选择拖延呢？

拖延症背后的原因

■ 每个人脑海里都住着一个"及时享乐的猴子"

"及时享乐的猴子"（instant gratification monkey）是知名

博客作者、演讲家厄本（Tim Urban）在一次关于"拖延症"演讲中提到的一个形象比喻。在对65名老师关于学生拖延症背后原因的调查，以及32名学生自我分析拖延原因时，我发现"present bias"（即相比眼前的诱惑，看不到需要完成的任务的价值或意义）被列为首要原因，选择这一项的受访者比例高达七成以上。

根据人类学家的观点，几百万年前的人类祖先生活在一个食物极度匮乏、生存条件极为恶劣的环境中。为了生存，早期人类不得不放弃一些"高能耗"的活动，转而选择一种"低能耗"的生活方式。这种生存习惯逐渐演化成了"生存节俭基因"[3]，并一直传承至今，这也解释了为什么人的天性中会有"懒惰"和"即时享乐"的倾向。我们暂且不论这种说法能在多大程度上解释为何大多数人心中至今仍住着那只"及时享乐的猴子"，但我们都清楚，相比完成作业、任务，或是准备论文、应对大考，眼前的玩耍、游戏、视频、聊天，或是随手抓起零食、饮料享用，甚至只是发呆，都显然更具吸引力。这对成年人来说尚且如此，对孩子来说更是不言而喻。尤其是当孩子对他们需要完成的任务的意义缺乏深刻理解时，他们心中的时间概念就会变得模糊，似乎总有一个声音在告诉他们："还有很多个明天。"

---

[3] 美国遗传学家尼尔（J. V. Neel）首次提出"节俭基因"假说。

第八章 用对抗"熵增"的思维治愈拖延症顽疾

■ 要命的"完美主义"

完美主义者通常对自己的要求极高,难以接受任何"不完美"的结果。他们倾向于在细节上投入过多时间,或者担心自己的工作无法达到高标准,因此会拖延任务,以避免面对这种"不完美"。当"完美主义"倾向发展到一定程度时,就可能演变成一种"病态的完美主义",而这种病态的完美主义往往与强迫症紧密相关。

2024年刚刚退役的网球史上最伟大的男子球员之一,有着"红土之王"之称的纳达尔,有一个被人们熟悉的特征,那就是他是所有球员中发球最拖延的一个。"捋左侧头发、捋右侧头发、摸鼻子、扯短裤、用球拍拍球9下、用手拍球3下",这几乎成了纳达尔发球前的固定程序,也导致他的发球经常超时,甚至被罚分。从理性的角度讲,这些程序对他打球有帮助吗?不但没有,反而浪费了许多体力。甚至有人专门在一场他最后因体力不支而输掉的五盘大战后做了统计,他整场比赛中的这些"小动作"一共耗费了多少卡的能量,如果这些能量省下来,就不会在最后阶段因体力不支而输掉比赛。为什么他还是改不掉这些容易被大家诟病为"拖延"的小动作呢?这是因为在他多年的训练和比赛中,这些小动作已经被赋予了某种意义,与这一分球的输赢建立起了某种莫须有的"联系"(强迫症的典型特征),所以每一个细节必须按照这种"联系"规定的方式完成,自然看上去就是拖延。

蒂娜是一名学习成绩很好、对自己要求很高的女生。但在老师们眼里，她却很少露出笑容，总是显得压力很大，情绪也容易失控。她的课堂笔记总是详尽无遗，不放过任何一个细节。然而，在考试中，她却常常因为追求完美而无法在规定时间内完成所有试题。有一次，监考老师为了维护考试的规则和公平性，在口头提醒停止答题无效后，不得不强行收走了她的试卷，导致她情绪彻底失控。她之所以总是无法按时完成题目，是因为她总觉得每一道题的答案"还不够完美"，一直在反复修改和完善，结果耽误了时间，导致剩下的题目来不及做。

上述的"完美主义"虽然会导致拖延，但都属于那些要求很高、追求优秀的人在非故意的情况下所表现出的拖延行为。然而，还有一种"完美主义"是出于主观意愿上想追求"完美"，但长期能力准备不足而导致的不自信。这种主观意愿与实际能力之间的不匹配，使得一些学生迟迟不愿或不敢开始一项任务。这种情况很容易被别人误解为是在拿"追求完美"作为拖延行为的借口（当然，在某些情况下，这种误解确实存在）。

■ 内心的抗拒

在一个单位或组织中，当领导者发布的指令未得到成员的认同时，成员往往会选择拖延作为反抗方式，因此"拖延"被视为一种非激烈、非直接的对抗形式。对十几岁的孩子而言，出于对家长和老师的尊重，他们通常不会直接对抗自己不认可或看不出意义的事情，而是倾向于用拖延的方式来表达内心的抗拒，并希望任务布置者能够察觉到这种抗拒，从而改变想法。

■ 那些不被看到的生理原因

许多患有注意缺陷与多动障碍（attention deficiente disorder，ADHD）的孩子或者成人，由于很容易受到外界某个因素的干扰，或者是自己内心某种想法的干扰，很难把注意力集中在某件事上，也就使得某项需要完成的任务很难开始，或者开始了也很难持续下去。

除了ADHD患者，一些患有抑郁症的人由于精神和行动都无法兴奋起来，因此面对某些任务时，他们会表现得不感兴趣或者效率低下，也是一种拖延。

大多数的拖延症看似是习惯问题，实则是道德问题

拖延症的危害显而易见。对个体而言，拖延会导致一个人长期处于焦虑和压力之中。因为尽管我们在行为上可能被那只"及时享乐的猴子"所牵引，但意识上却会时不时地"想起"自己的任务，这种长期的矛盾与纠结会使我们的精神处于紧张状态。

需要注意的是，如果我们仅仅将拖延症视为一个习惯问题，那么就会低估它真正的危害，也不利于我们真正摆脱拖延症的困扰。我们必须深刻认识到，拖延症在本质上是一个道

德层面的问题。

一年多以前,我收到了一位8年级家长的投诉,说孩子在完成一门课的重要团队作业后哭得很伤心。经过调查,我了解到这个孩子之所以伤心,并非因为自己表现不佳或准备不足,也不是因为老师评分不公,而是因为她是这个团队的组长,为项目付出了很大努力。然而,组里有一名男生一直拖延自己分配到的任务。尽管组长和其他组员尽量帮忙分担,但最后还剩下一些必须由他本人准备并上台分享的部分。即便如此,他还是没能准备好。后来,我找那名男生谈话,想了解他的真实想法。他表现出一些自责,同时也觉得自己有点"委屈"。他说自己并不是故意的,真的打算准备,只是觉得这些任务花不了太多时间。所以,放学后,他先去运动了,运动完吃完饭,又磨蹭着做了些别的事,之后才开始着手完成任务。可没看多久,就到了睡觉的时间,于是他想剩下的不多,第二天课间抽空补一下就能完成。结果,第二天发生了一些意外,最终导致他没能准备好。就这样,看似并非主观故意的拖延,毁掉了整个团队几周的努力。

几年前,我刚来学校担任校长时,有一次去听了一节高中历史课,当时正在讲清史"康乾盛世"的专题。在讨论环节,一名男生的观点让我深受启发。他说,乾隆中后期其实谈不上是盛世。接着,他进一步阐述,乾隆其实逐渐意识到了社会存在很多问题,尤其是官僚体系的风气和效率方面。他本可以像他的父亲雍正那样,采取一些改革措施来解决这些问题,但由于他个人不愿意直面那些棘手复杂的问题,特别是到了晚年,他更倾向于把这些问题拖着留给嘉庆去解决。暂且不论这名男生的观点是否完全准确，但他的发言确实触动了我。因为他的话让我意识到，在一个组织中身居要职的人如果拖延将会产生多大的影响。我不禁开始联想到自己，作为校长，如果我明明意识到了问题，却因为种种原因拖着没有及时解决，那会给学校带来怎样的后果呢？

其实，在这个世界上，不仅是孩子，成年人也一样，当遇到当下难以面对或不愿意面对的问题时，都倾向于往后拖，好像时间一长，很多问题就会自然而然地消失。实际上，往往是我们把当下的问题越往后拖，解决的难度和代价就越大。比如，我们可能很早就发现了自己粗心的毛病，却从未想过通过系统性的方法去矫正，总以为一到严肃的大考或者等到长大了这个问题就会自行解决。再如，朋友或伴侣之间明明存在明显的问题，却都拖着不愿意进行有效沟通、直面问题，结果拖到最后，导致问题无法解决或者解决的代价更大、伤害更广。因此，从这个意义上讲，虽然拖延症在某些情况下是可以理解的，但在大多数时候，我们应该将其视为一个道德问题，只有如此才能真正重视并解决它。

用对抗"熵增"的方式"挣脱"拖延症

说起如何克服拖延症，相信每个人都能提出很多建议，比如，制定自己的待办清单、把大的任务和目标分解、设置截止时间、设立奖励机制等。可是当一个有拖延症，尤其是重度拖延症的人用这些建议来应付的时候就会发现，要么根本还没有启动就夭折了，要么根本坚持不下去。因此，必须有新的思维来突破原有的顽疾。

什么是"熵"？这个概念来自热力学第二定律，"熵"的本质是一个系统内在的混乱程度，也可以说是一个系统里的无效能量。19世纪中叶，德国物理学家和数学家克劳修斯（R. J. E. Clausius）通过研究发现，在热传递过程中，必然会伴随着某种动力的消耗。1865年，他在正式发表的论文中提出了"熵"的概念，并且证明了任何孤立系统中，系统熵的总和永不减小。这就是著名的熵增定律。当然，熵增定律的成立有一个前提，那就是"封闭系统+无外力做功"。因此，要想对抗"熵增"，就要打破这个前提，具体如下：一是开放系统，远离平衡态，避免路径依赖；二是主动做功，建立耗散结构。

有一位大学室友，跟他相处一年多之后，我们都发现了他的一些特点：每天很少按时起床上课，作业和任务总是拖到最后，甚至干脆不交；衣服也是堆在床边，直到实在没地方放了才会送到洗衣房。作为室友，我们都劝他改一改拖延的毛病，尽量按时上课、交作业，否则可能会多门挂科，影响按时毕业。其实，他也知道自己的问题，但每次想改都坚持不了几天就故态复萌。然而，一个人的出现打破了这种循环。有一次，他在校园里弹吉他，吸引了一个女生的注意。他们聊起了古典音乐和西班牙著名的吉他大师，从此他恋爱了。恋爱后的他，几乎再也没有迟到过，非常注意个人卫生，脏衣服会及时送洗，还经常去教室上晚自习写作业，每天按时入睡。我们都觉得他简直像变了一个人。虽然遗憾的是，他和那个女生后来分手了，但不可否认的是，如果没有这个"外在刺激"，他很难从原有的状态中走出来。那样的话，我们可能就不会看到现在中国民族乐团里这位优秀的吉他手了。

用好"马蝇效应"，让自己为"拖延"行为付出代价而真的感觉到"疼"

相信很多人都听说过"马蝇效应"，就是当一只巨大的马蝇叮在马屁股上时，如果你不去驱赶它，马儿反而会因为被叮咬的疼痛而跑得更快。对于马来说，这种疼痛感刺激了它的本能，让它设法通过奔跑来摆脱这种突如其来的痛苦。

一位初中家长曾向我分享过她教育孩子的一个案例。2021年，她发现儿子上初中后，时间管理观念变得不如小学时那么强了。早上上学拖拖拉拉，晚上回来先吃零食、到处闲逛，就是不肯马上写作业。那时，北京环球影城刚好开业，她灵机一动，托朋友费了好大劲抢到了开业第一周的门票。她知道儿子对环球影城，尤其是哈利波特主题部分非常痴迷。于是，她拿着门票和儿子进行了一场谈判。她先告诉儿子，自己好不容易买到了环球影城的门票，然后郑重地警告他，如果接下来的一周里，他上学迟到或者回来不按时完成作业，她就会立刻把门票转让出去。儿子了解她的性格，知道她严肃起来绝对不是开玩笑的。接下来的一周，她观察着儿子的表现。虽然有时候儿子显得很挣扎，但基本上做到了每天不迟到、按时交作业。特别是当儿子想按照以前的习惯拖拖拉拉时，总会听到她的提醒："去不了环球影城了啊！"就这样，儿子真的坚持了下来，拖延症的毛病也得到了初步的改善。

彻底抽离原来的环境

人的行为习惯与所处环境紧密相关，因此，如果想要改变拖延的习惯，在意志力发挥作用之前，我们需要先刻意地隔绝掉引发不良习惯的环境诱因。行为科学专家克莱因亨斯（J. Clinehens）在文章"The habit loop: How your environment encourages bad habits"（《习惯循环：你的环境如何助长坏习惯》）中强调，环境中的各种因素都可以成为触发信号，影响我们的日常行为。环境设计对习惯的形成有巨大的影响，尤其是在无意识层面。例如，办公桌上随手可拿的零食会诱使我们随意进食，而放在桌面上的手机则可能让我们不由自主地频繁查看社交媒体，甚至灯光、噪声及家具的摆设等，也会对我们的行为产生微妙的促动作用。

很多学生在参加完一段时间的军训或者拓展训练后，精神面貌和习惯往往会发生改变，除了集体的氛围以外，很重要的原因是在这样简单而纯粹的环境中，那些容易勾起我们大脑中"及时享乐的猴子"的因素都被抽离干净了。

有人会说，马蝇效应也好，抽离原有环境也罢，这些方法都只是短期内起作用，它们对拖延症的减轻效果能持续多久并不好说。确实如此，但它们至少为那些深陷拖延症的人提供了一个重要的"冷启动"机会，这个"冷启动"成了中断原有习惯的一个契机。当然，要想让改变真正持续下去，还需要建立内在的动机，并由此改善意志力。

榜样和同伴会为我们跳出"拖延"提供一种无形的力量

2023年，有一位家委会的负责人找到我，表示想成立一个家长读书会。我询问了她产生这个想法的原因。她解释说，她之前做了一个小范围的调查，发现在如今这个手机短视频占据大家大部分业余生活的时代，有相当一部分家长一年读书的量少于一本，也就是说，他们一年都读不完一本书。然而，这些没读完一本书的家长，年平均购书量却达到了2.5本。因此，她希望组建一个读书会，通过"好书共读"的方式，让大家相互学习、监督，实现每年至少读完两本书的目标。听完她的想法，我立即表示支持，并愿意加入读书会，与大家一起阅读，还担任了书目推荐嘉宾。很快，一个由100多位家长组成的线上读书会就成立了。大家共同商定了读书进度计划，每周分享读书心得，并在每学期末组织线下交流会。就这样，2023—2024学年的两个学期里，绝大多数读书会成员完成了读完两本书的目标，并在2024年1月初和5月分别举办了两次线下好书分享会。很多家长表示，开始有计划地读书后，教育孩子时更有底气了。

2024届学校12年级的毕业生中，有3名男生收到了世界知名大学的录取通知书：小Z同学被杜克大学录取，小H同学收到了牛津大学的录取通知，另一位小Z同学则获得了加利福尼亚大学洛杉矶分校的青睐。在后来的毕业生与学弟学妹的经验分享会上，他们都不约而同地提到了学习小组的作用。这三名学生在中学的五六年里一直是同窗好友。虽然其中两位理科基础更扎实，另一位则对文科更感兴趣且基础更好，但他们过去几年里经常一起参与项目、讨论作业、准备比赛。特别是在申请季里，他们共同度过了一段既艰难又愉悦的时光。申请季里，他们不仅要完成标准化考试的最后冲刺，还要做好选校和文书工作。尤其是申请十几所顶尖大学时，文书如雪片般飞来，必须给每项任务设定截止时间，才有可能完成所有工作。拖延的后果相当严重，一旦拖延完不成，往往就意味着不得不放弃申请某一所学校的机会。于是，这三个小伙伴经常聚在一起讨论各自的进度，相互提醒、相互鼓励，按部就班地完成每一个阶段的任务。在这个学习小组中，每个人的拖延倾向都被压制到了最低，而且这样的氛围和节奏似乎让每个人都觉得克服拖延并不是一件痛苦的事。

在家长读书会和学生学习小组中，任务和人都没有改变，但这种正向的"从众效应"却最大限度地抑制了每个人心中那只"及时享乐的猴子"以及拖延症的各种"借口",从而让大家能够按时完成目标,不再拖延。

信任和期望会转化为强大的精神力量

可能很多人都听说过"罗森塔尔效应",它起源于20世纪60年代美国心理学家罗森塔尔(R. Rosenthal)等在一所小学进行的一项实验。他们随机选择了3个班级,并以专家的身份在校长和老师面前对这3个班级的学生给予高度评价。8个月后,当他再次回访这3个班级的学生时,出现了令人惊奇的效果:几乎每个学生的成绩都有了显著的进步。后来,心理学家将这种现象——一个人对另一个人的信任和行为期待最终促使对方自我实现的现象,称为"罗森塔尔效应"。

2024年1月2日,学校上演了一部由小学生和几位成人演员共同合作的音乐剧《放牛班的春天》,在家长和社会观众中引起了强烈反响。这部音乐剧改编自法国同名原创作品,讲述了音乐老师马修如何通过信任和期待,重塑了一群被大人放弃的孩子的故事。有趣的是,当初提出这个提议时,学校里并没有多少人看好,就连音乐剧团的孩子们也缺乏信心。然而,我和剧团的指导老师始终相信他们能够做到。经过一段时间的排练,孩子们逐渐增强了自信,越来越相信自己能够演好。最终,在几个月的辛勤努力后，这部音乐剧在2024年新年的首次演出中大获成功。应众多未能观看首演的家长的请求，我们还在3月加演了一场。信任和期望带来的强大精神力量，无论是戏里还是戏外，都体现得淋漓尽致。

挣脱"拖延症"是一个相当艰难的过程，但来自老师和家长，特别是学生在意的人的信任和期待，往往能成为他们摆脱"拖延症"的强大动力。曾有一位被评为初中部"优秀班主任"的W老师，分享了她管理班级的一段经历。为了锻炼班里学生的领导力和责任感，她创新性地实行了"轮值班长"制度，让班里的20多名学生轮流担任班长，每次任期大约一个月。她为轮值班长设定了一些必须履行的职责：一是负责设计和主持当天10分钟的晨会；二是协助当天所有学科任课老师的课代表工作；三是确保在自己担任班长的当天，不出现上课迟到、没穿校服、作业未按时交等现象。起初，她对这一尝试心里没底，尤其担心班里几个平时对很多事都"不那么上心"的孩子。然而，让她意想不到的是，当这些她原本担心的孩子要当班长时，他们总是提前两三天就开始做准备，把晨会的设计方案发给W老师，并希望她能给出建议。而且，在担任班长的那天，他们总是最早到学校的，从来没有出现过晚交作业的现象。相反，一些她原本没担心的同学，在轮值班长当天却出现了迟到或作业没按时交的情况。后来，W老师把那些原本让她担心但却表现完美的班长们当天的表现都记录下来，发给了他们的父母，并嘱咐家长要表扬和鼓励这些孩子，让他们坚持下去。

给"完美主义者"两个清晰而明确的"信号"

对于因"追求完美"而导致拖延的人,我们需要向他们传递两个清晰而明确的"信号":

第一,相比追求心中所谓的"完美",因拖延而超出时间限制的代价其实更大。为了减少网球比赛中一些球员的拖延发球现象,一般正式网球比赛都出台了"25秒或26秒间隔"的新规,即上一分结束到下一分开始的时间间隔不得超过25秒或26秒(具体时限因赛事而异),一旦超时,将会被警告或直接罚分。这一规定的出台,实际上是在向那些"希望准备到最佳状态"而拖延发球的球员发出明确信号,迫使他们不得不改掉拖延的毛病。在教育的场景中,也经常会有这样的规定:比如,作业晚交一天,最终成绩就会自动扣减10%;又如,在一些正式考试中,考试结束铃声响起后还在答题的学生,会被判定为零分。这些规定不仅是为了确保公平,实际上也能在一定程度上帮助学生克服拖延的习惯。

第二,世界上的所有作品都是从不完美开始,经过不断修改才逐渐完善的。特里维西克(R. Trevithick)制造的世界上第一辆蒸汽机车在与马车的比赛中输了,但正是这个不完美的作品,在使用过程中暴露了问题,让他知道了如何改进,最终才催生了火车这一伟大的交通工具。如果特里维西克因为追求完美主义而迟迟不推出第一台蒸汽机车,人类使用火车的历史可能会推迟很多年。因此，无论是作为老师还是父母，我们都应该鼓励孩子的付出和创作。即使他们的作品刚开始看上去不那么完美，我们也要先肯定值得肯定的部分，然后再给孩子提出建议。如果需要的话，我们还可以帮着他们一起改进。绝不能一上来就指出问题和缺陷，打击孩子的自信心，否则"追求完美主义"可能会变成一种心理负担，让孩子不敢尝试或者拖着不做。

实际上，大多数情况下，"完美主义者"最终会意识到，他们心目中那些看似还不完美的作品或方案其实已经是在给定的条件下（包括资源、个人能力等）能达到的最完美的状态了，剩下的其实只是需要在这个基础上不断迭代。

总之，轻微的拖延是每个人都会有的现象，它通常不会对我们的学习、工作和生活带来太大的影响。然而，严重的"拖延症"则会降低学习和工作效率，影响生活质量，甚至可能会缩短我们实际用于有效活动和成就的"有效生命"时间。

还记得那个关于"寒号鸟"的故事吗？从前有一种小鸟，叫寒号鸟。这种鸟与众鸟不同，它长着四只脚，两只光秃秃的肉翅膀，不会像一般的鸟那样飞行。夏天，寒号鸟全身长满了绚丽的羽毛，样子十分美丽。寒号鸟骄傲得不得了，觉得自己是天底下最漂亮的鸟了，连凤凰也不能同自己相比。于是，它整天摇晃着羽毛，到处走来走去，还洋洋得意地唱着："凤凰不如我！凤凰不如我！"

夏天过去了，秋天到来，鸟儿都各自忙开了，它们有的开始结伴飞到南方，准备在那里度过温暖的冬天；有的留下来，整天辛勤忙碌，积聚食物，修理窝巢，做好过冬的准备。只有寒号鸟，既没有飞到南方去的本领，又不愿辛勤劳动，仍然是整日东游西荡的，还在到处炫耀自己身上漂亮的羽毛。

冬天终于来了，天气寒冷极了，其他的鸟儿都回到自己温暖的窝巢。这时，寒号鸟身上漂亮的羽毛脱落光了。夜间，它躲在石缝里，冻得浑身直哆嗦，它不停地叫着："哆啰啰，哆啰啰，寒风冻死我，明天就垒窝！"可是等到第二天天亮后，太阳出来了，温暖的阳光一照，寒号鸟又开始拖延。等到第二天晚上天气再次变得寒冷，它又开始叫着："哆啰啰，哆啰啰，寒风冻死我，明天就垒窝！"等到第三天天亮，太阳出来变得暖和之后，它又拖着不垒窝。结果，它没能等到下一个"明天"，当天晚上冻死在岩石缝里了。

有意思的是，英文里表示拖延的单词是"procrastination"，它的词根词缀构词法的原意是"有很多个明天"！

第九章

AI 来临,教育中那些没有被改变的

关于AI将会如何影响和改变教育的焦虑和讨论就变得多了起来,相关的书籍和演讲更是"汗牛充栋"。关于教师角色的改变、教学模式的变革、教育过程的重新设计等等都是大家热烈讨论的话题。可是,似乎很少有人认认真真地思考,在AI时代哪些关于教育的理念和认知是没有被改变,甚至应该得到加强的。

第九章　AI来临，教育中那些没有被改变的

2022年11月，OpenAI的ChatGPT 3.5的发布在世界范围内引起巨大轰动。这一大模型的重大突破，不仅摘下了自然语言处理这一人工智能领域的"皇冠上的明珠"，也使得通用人工智能（artificial general intelligence，AGI，即能全面应对复杂多样问题的智能体）研究的终极目标显得不那么遥不可及。几个月后，GPT 4及各种大模型和专业的AI应用工具纷纷登场，让人们惊叹AI将在多大程度上给各行各业带来巨大的改变。

早在2023年3月15日，GPT 4正式发布的前夕，世界著名的在线教育平台"可汗学院"就推出了人工智能助手Khanmigo，并将它融入可汗学院的一切工作，为每一位可汗学院的学习者提供全新、深入、个性化的学习机会。Khanmigo可以在数学、科学、编程、艺术、写作等科目上帮助学生归纳整理，为学生答疑解惑。当然，Khanmigo不仅能扮演学习导师的角色，还能模仿文学作品中或者历史上的人物。它可以与学生进行辩论，充当顾问和职业引导师。它还能与学生进行交流，帮助其设立目标，并温柔地督促他们完成目标，真正成了学生的好伙伴。与此同时，国内的AI平台工具也在不断探索教育领域的应用，涵盖了问答、搜索、作业批改、学习智能体和教学智能体等多个方面。

当知识的传递乃至学习过程的监督与反馈都可以被AI"替代"时，关于AI将如何影响和改变教育的焦虑与讨论便日益增多，相关的书籍和演讲更是层出不穷。教师角色的改变、教学模式的变革、教育过程的重新设计等话题成了大家热议的焦点。然而，似乎很少有人深入思考AI时代有哪些关于教育的理念和认知是未被改变，甚至应该得到加强的。

前不久，我和一些中小学的管理者一同前往腾讯公司北京总部进行交流座谈。腾讯的技术专家向我们介绍了腾讯当前重点发展的"十项技术"，其中包括云计算、数字人、Web 3.0等，特别介绍了AI在教育领域的应用产品。当技术人员近距离演示最新的教学工具时，现场的所有中小学老师都感叹"离AI全面替代老师不远了"。然而，此时腾讯的技术专家却分享了他的感受。他说，他和团队之前有一段经历让他印象深刻。在数字人技术出现后，微信上出现了一种新的诈骗方式：一个人控制20多个不同的数字人，同时与一个真实用户聊天，让用户误以为这是20多名不同的真实"网友"，然后相互配合引导并印证用户说出关键信息，从而实施诈骗。作为腾讯的技术专家，他们需要不断开发新技术来遏制这种诈骗方式。他们也确信，即使这样的漏洞一时能被堵住，新的技术同样也会衍生出新的犯罪手段，这几乎是一个"道"与"魔"相争、此消彼长的过程。那一刻，所有的教育者清晰地意识到，即使在AI高度发展的未来，教育依然有着重要而不变的内涵。

就像电视剧《疑犯追踪》(*Person of Interest*)中所述，软件天才芬奇发明了一个程序，通过观测已有的模式来鉴别有可能进行暴力犯罪的罪犯，并借助计算机对采集大数据的计算与分析，在犯罪行为发生前对其进行预警、阻止。虽说是"法外执法"，却因基于善的目的，不仅帮助国家预防恐怖袭击，更是拯救个人于危难之间。但是，剑走偏锋，如果本是恶的人其打造的工具势必也将有很大可能会导致恶的结果。同样是片中反派所制造的监控系统Samaritan，用我们传统的一句话来对其进行评价,便是"助纣为虐"。最终,技术专家认识到,除了依靠法律的惩罚与震慑外,最重要的还是要靠教育,用教育的力量让技术的使用者树立诚信、善良的价值观,最终技术才能真正向善。

生命教育在这个时代重要而迫切

"三秒能窒息,严重可致命!"一种曾被称为"梦回大唐"或"死亡三秒"的危险游戏,在消失了十多年后,又借助社交媒体平台的传播开始死灰复燃。这款游戏要求体验者做出特定动作,如靠墙蹲下深呼吸、憋气,再由他人按压胸口等操作,使体验者迅速陷入窒息缺氧状态。体验者追求的是一种"目睹梦幻景色""看见童年场景"的刺激感受。然而,这种游戏极其危险,它会压迫心脏、抑制呼吸,导致回心血量减少,大脑血液和氧气供应相应减少。严重者甚至会出现意识丧失、全身脏器功能停止等症状,直接危及生命。

这样一种明显危及生命、让体验者极其不适的游戏为什么会在多地流行?这一现象加上一些地方偶尔发生的学生跳楼现象,让我们不禁要问:我们的生命教育到底还存在多少不足?

生命到底是更强大了还是更脆弱了?这是一个难以回答的问题。一方面,随着技术的进步和医学的发展,个体抵御外在疾病和灾害的能力大大增强,人均寿命大幅延长。另一方面,技术的进步和社会的快速发展带来家庭结构和社会关系的异化，又将人的生命工具化和无意义化。现在的青少年普遍存在的"生命困顿"表现为陷入严重的郁闷、无聊，严重者则发展到网瘾、自闭、自残，甚至沦落到吸毒、自杀、伤害他人等。这些都迫切地呼吁无论是家庭还是学校，都要真正重视起生命教育。相比获取知识和培养能力，让孩子知道生命的来之不易和父母孕育生命的艰辛，从而引导他们珍惜和敬畏生命，追求积极的生命价值更加重要。

随着AI的快速发展，重新寻找和定义人的独特价值，将是生命教育迫切而崭新的内容。

优雅而健康地应对同伴压力

今年奖学金评选，我在审核11年级的报名名单时，一直期待着能看到Selina的名字。然而，直到名单审核完毕，我也没能找到她的名字。我不禁疑惑，这位去年获得特等奖学金的学生，为什么这次没有报名呢？是错过了报名日期吗？学部负责人很确定地告诉我，Selina已经收到了通知。而且，班主任还特意去鼓励她报名，但她给出了自己的理由：每个年级每年的特等奖学金名额只有一个，她去年已经拿过了，今年应该把机会让给其他同学。马上就要到12年级申请大学了，她希望更多同学能以特等奖学金获得者的身份去申请，况且她觉得有几位同学也很优秀，也配得上这个奖项。听到这些话，我感到很欣慰，也很骄傲。我为学生间这种良性的竞争关系感到高兴。与此同时，我想起了著名教育家顾明远先生在接受光明网采访时提到的一个令人悲伤的例子：有一个小学生考了100分，回家大哭一场。妈妈问他，考了100分应该高兴，为什么还要大哭。他说，因为另一个同学也考了100分。

虽然我们不了解这个孩子所处的具体竞争环境，也不好过多评价，但这种"你死我活"的竞争理念，伤害的不仅是对手，也是自己。它会让身处其中的人心理压力巨大，找不到学习和竞争的乐趣，甚至可能做出令人遗憾的事情。据调查，在青少年心理问题的原因分析中，同伴压力已经排到了所有因素的首位。

2024年11月，男子网球史上最伟大的运动员之一纳达尔正式退役了，而他收到了另一位最伟大的运动员之一费德勒写给他的信。信里写道：

"就从最显眼的开始吧：你打败了我——很多次，比我打败你的次数还多。你带给我的挑战无人能及，在红土赛场上，我感觉就像走进了你的后院。你让我付出了比想象中更多的努力，甚至让我重新去构建自己的比赛，为了获得优势，我居然还改变了球拍拍面的大小。你知道吗？是你让我更享受网球了。"好吧，也许一开始不是。2004年澳大利亚网球公开赛之后，我首次成为世界第一。我以为自己站在了世界之巅，我确实是——直到两个月后，当你穿着红色无袖衫走上迈阿密球场，炫耀着你的二头肌，并令人信服地击败了我。我听到所有关于你的传闻——来自马略卡岛上的惊艳少年，一个不世出的天才，未来的大满贯冠军——原来都不是炒作。

……

那是我们旅程的起点，这一程后来我们也一起走完。二十年过去了。（资料来源：Steel A. 'You made the whole tennis world proud!' - Roger Federer pens emotional letter to Rafael Nadal before retirement. https://www.dazn.com/en-US/news/tennis/rafael-nadal-roger-federer-emotional-retirement-davis-cup/xemfajq5lemo1jjcihnv78t7f）

费德勒和纳达尔这一对世界网坛的双子星，他们在过去20年一直优雅地竞争着，可以说缺了一方，另一方都不可能取得现在的成绩。这也许就是"对手"的真正意义。

对于孩子而言，他们在学校会遇到同伴竞争，走出学校同样会面临各种各样的竞争，如何理性地看待竞争，如何优雅地对待竞争，是孩子一生都需要学习的课题。作为家长，我们不能让孩子活在无用而扭曲的妒忌之中，也不能让畸形的同伴压力导致孩子的人生黯淡无光。

保护好孩子的创造力

其实，在我看来，培养孩子的创造力这种说法显得有些奢侈。因为相比"培养"，我们连最基本的"不扼杀"都还没有做到，又怎能谈得上"培养"呢？很多时候，孩子的创造力本就存在，却被我们成年人用各种规则扼杀了。

- 不要轻易用所谓的"标准答案"否定孩子的"奇思妙想"

在当今这个以应试和分数为主要评价体系的环境里，每个孩子都被迫习惯了接受所谓的"标准答案"。然而，这些"标准答案"往往扼杀了孩子原本丰富的想象力和创造力。

很多年前，有一名正在上中学的学生叫尼尔斯·玻尔。他的物理老师出了一道测试题：如何用气压计测定一栋大楼的高度？很显然，这是一道中学物理关于气压与海拔高度关系的定理在现实中的应用，老师心目中的标准答案自然只有一个。然而，尼尔斯却给出了一个与众不同的答案：把气压计拿到楼顶，用一根长绳系住气压计，将气压计垂到地面，然后提上来，测量绳子放下的长度，该长度便是大楼的高度。结果可想而知，物理老师给了尼尔斯零分。可是尼尔斯却认为自己应该得满分。由于物理老师说服不了学生，于是找来了自己的同事物理学家欧内斯特·卢瑟福来评判。卢瑟福建议让学生再试一次，给他6分钟时间，让他必须用物理学方面的知识来回答这个问题。5分钟过去了，学生什么也没写。卢瑟福问他是否想放弃，他回答说自己有好几个答案，正在想哪个是最好的。卢瑟福对自己干扰他的思考表示抱歉并请他继续。在接下来的1分钟里，他迅速写出了如下答案：将气压计拿到楼顶的边缘，松开手，让其自由落下，用秒表记录气压计降落到地面的时间,然后运用自由落体公式$h=0.5\times g\times t^2$(高度=0.5×重力加速度×时间的平方),计算出大楼的高度。看了学生的答案,卢瑟福问这名老师是否还坚持刚才的意见。老师哈哈一笑,夸赞学生做得非常出色,并且给了他满分。当卢瑟福正要离开时,他突然想起那个学生说过他还有好几种答案,便好奇地问他其他几种答案是什么。学生答道:借助气压计测量大楼的高度,有许多种方法。例如,在一个阳光灿烂的日子,把气压计拿到户外,测量出气压计的高度和其阴影的长度,以及大楼投射出的阴影的长度,通过运用简单的比例法,就可以算出大楼的高度。好极了,卢瑟福说,其他的方法呢?学生微微一笑,答道:还有一种经典的方法,你也许会喜欢用。拿上气压计,开始爬楼梯,并在墙上依次标出气压计的长度,记住你一共做了多少个记号。这种方法就是用气压计当尺子去量大楼的高度,是很直接的一种方法。卢瑟福笑道。当然,还有一种更为复杂的方法,可以把气压计系在绳子的一端,让它像钟摆一样摆动,分别测算在地面和在楼顶上的重力加速度g。理论上,根据这两个g的差值就可以计算出建筑物的高度。根据同样的方法,把气压计拿到楼顶,用一根长绳系住气压计,将气压计放下,接近地面,然后让其如钟摆一样摆动,根据摆动周期便可以计算出大楼的高度。总之,他总结道,还有许多方法可以解决这个问题。最好的一种方法或许是,带上气压计到大楼地下室,去敲大楼看门人的门。看门人开门后,你就对他说:"先生,我这里有一个很好的气压计,如果您能告诉我这栋大楼的高度,气压计就归您了。"说到这里,卢瑟福问那个学生是否真的不知道解答这个问题的常规方法。他回答说他是知道的,但他说从中学到大学,老师总是试图教他怎样思考,对此他实在感到很厌烦。多年后,这位叫尼尔斯·玻尔的学生开创了量子力学,并获得了诺贝尔物理学奖。(资料来源:欧内斯特·卢瑟福. 一个怪学生. 史曙辉译. https://news.cntv.cn/20120318/101609.shtml)

■ 不要用所谓的"管理便利"否定孩子的尝试

"管理便利"是我在一篇关于组织管理的论文里提到的概念,也是在学校管理中提醒自己和其他管理者应该克服的一种弊病。它指的是无论是组织还是有决定权的个人,往往明知某些想法很好,却因为这些想法不便于管理而选择拒绝。

几年前,学校商业社团的一群高中生提出了一个想法,希望在学校运营一个小卖部。他们观察到,学生经常有购买文具和在三餐间歇时买些食物补充能量的需求,而且他们还希望,如果小卖部能产生利润,就将其全部捐赠给公益机构。当这个想法在学校会议上被讨论时,很多部门的管理者都表达了担忧:高中生的进货渠道如何监管?食品安全如何得到保障?在学生不能带手机的情况下,支付问题如何解决?财务的运行管理由谁来负责?……总之,他们列出了一大堆"不方便管理"的理由来拒绝这个提议。我当时没有立即表态,我承认这些担忧非常合理,但同时也觉得学生的想法很有创新性。于是,我找来了社团的负责人,把大家提出的所有担忧整理成一份清单发给了他,让他针对这些疑问回去和组员研究,写一份可行的计划书。就这样,他们找到了指导老师，进行了全面的调研和咨询。几周后，我给了他们一个向学校各部门负责人重新展示自己想法的机会。令人惊讶的是，经过持续努力，他们呈现出了一份极具创造力的商业计划书，在一定程度上打消了大家的顾虑。虽然各部门都意识到，如果实施这个计划，可能会给大家增加不少工作量，但大家都不忍心否定孩子们的新尝试。最终，大家都同意了这个提议。虽然后来因为疫情的原因，这个想法被暂时搁置了，但无论是老师还是这些学生，都觉得这个过程非常有意义。

有时候，家长也会有同样的"管理便利"习惯。我们总会觉得孩子的想法幼稚、不可行，其实很多时候只是因为这些想法大人管理起来不方便而已。可是，长期这样下去的结果就是，孩子很多有创造力的想法总是得到负面的反馈，渐渐地，也就不再有任何创意了。

总之，当今时代比以往任何时候都更加需要保护孩子的创造力。对于家长和学校而言，在确保安全的前提下，只要不违背法律和道德原则，我们应该鼓励孩子大胆尝试，甚至勇于犯错误。我们应该摒弃"标准答案"的束缚和"管理便利"的惰性思维，悉心保护好他们的创造力。因为这样的创造力不仅能够帮助孩子跳出"内卷"的困境，更有可能成为未来推动世界进步的重要火花。

■ 摆正自己与世界的关系

我的母校美国西北大学（Northwestern University）有一个非

常重要的理念，叫作"Low Ego, High Impact"。我把它翻译为"小自我，大世界"，并且以此为主题在高中的开学典礼上做了一次演讲。什么是"小自我"？自我意识和自我形象是一个人信念、自信和决心的来源，所以"小自我"不是没有"自我"或者"看轻自我"。恰恰相反，我们必须有足够的自我意识和自我形象，要有"天生我材必有用"的自信，只有这样才能相信自己有能力带给这个世界一些积极变化的信念和与之相应的努力。与此同时，每个人都是社会性动物，需要学会管控好自我形象，否则就无法摆正自己的位置，做一些脚踏实地的工作、与他人合作、接纳自己现在的位置和所得。

我的一位大学老师，是劳动经济学领域的杰出专家，她在北京大学国家发展研究院任职期间，与武汉大学联合发起了"中国健康与养老追踪调查"（China Health and Retirement Longitudinal Study，CHARLS）项目。每年暑期，这个项目都会招募来自北京大学、武汉大学、清华大学等高校的数百名大学生志愿者，参与到这项重要的调查中。他们深入城市、乡村，以及工厂、家庭，实地了解中国基层的健康与养老状况。在这个过程中，他们克服了高温、洪水、疫情等重重困难，收集了大量翔实的一手资料，为国家政策的制定提供了重要依据。这些大学生都是来自中国的知名学府，在外人眼中是天之骄子，他们自信、骄傲，但他们却选择沉下心来，携手合作，踏踏实实地完成了这项任务。这项任务通过提供政策依据，实实在在地对这个世界产生了影响，这就是"小自我，大世界"的力量。

如今的学生，甚至许多成年人，其诸多痛苦可能归根结底在于没有将"自我"这一形象与宇宙万物的关系摆放到恰当的位置。如果"自我"形象过于渺小,我们会感到自卑,缺乏存在感;如果"自我"形象过于庞大,我们又会过于沉迷于个人感受与喜悲,无法与周围的人和物和谐共处。《人类仰望星空时:繁星、宇宙与人类文明的进程》这本书中提到,随着科学技术的进步,人类看似越来越能"操控"宇宙,实际上却越来越脱离用身体和灵魂去真实地感知宇宙的状态,甚至颠倒了自我与宇宙的关系,陷入了极度自我的怪圈,这正是抑郁的根源所在。实际上,我们的身体和灵魂只是宇宙的一部分。因此,家长一定要引导孩子,在关注个人成功与得失的同时,也要关注周围的人和物,将个人的追求融入国家的发展和人类共同命运的轨迹之中。这样,才能培养出一个有理想、有胸怀、有"大我"情怀的孩子。

终身学习的热情和能力

每年高考结束后,总能看到一些短视频里,学生聚在一起"撕书"。每当看到这一幕,我们虽然能理解学生在长时间重压之后需要发泄的情绪,但这也时常让我们反思:教育的最大悲哀,莫过于让很多学生走出校门后就再也不想学习了。对于青少年学生而言,我们应该保护好他们的好奇心和探索欲,让他们面对所有的新变革时,首先感到的是兴奋而不是畏惧,只有这样,他们才能更好地适应技术的变革和社会的发展。

前不久，学校迎来了WASC（美国西部院校联盟）认证团队的检查。当我们得知带队的是一位90岁的老人时，都感到非常吃惊，甚至担心她这么大年龄坐国际航班长途旅行身体能否承受得住。然而，当我们第一次在学校见到她时，发现自己的担心完全是多余的。老人珍妮特腰板挺直、眼神锐利、听力灵敏，和另外四位年轻人走在一起，步伐完全合拍。

在她留在学校的四天多时间里，每天都要接触新的人、新的名词、新的做法。对于她来说，一所从未了解过的学校，对方方面面都需要慢慢了解。尽管她可能去过很多国家的学校，但对一所充满异国文化的新学校，要想在几天之内做较为全面的了解和评估，还是相当有挑战性的。然而，所有和她交谈过的老师、学生、家长都感到，老人家的学习能力特别强，分析问题总能一语中的。更让人惊讶的是，对于自己不懂的东西，她会熟练地请教GPT。我对老人家充满了钦佩，尤其是对她的生活状态。在她结束评估工作的那天下午，我以晚辈的身份与她聊天，好奇地问她：在过去90年的生命中，经历了那么多剧烈的变革和不同的时代，您是如何适应的？她说，自己从来没有想过能活多久，也没想过会工作到多少岁，但对一生中所有的变革，都一直抱着开放的心态去迎接和面对。她说这种态度与自己在中学时代受到的教育有很大关系："那个时候，老师总是引导我们去尝试不同的任务，然后在我们完成新任务或解决新问题后，表现得比我们还要兴奋。我在中学时代养成的探索习惯，一直保持到了现在，我从不畏惧新的变革。"听着老人家的讲述，我不禁想起了塞缪尔·厄尔曼（S. Ullman）的那篇著名散文《青春》（*Youth*）里描述的关于什么是真正的"青春"的样子。

当AI以一种几乎不可预见的方式渗透到生活的方方面面时，我们几乎无法保证任何一个专业领域都不会被AI替代。然而，重要的是，我们要做好应对这种变化的准备。在我看来，终身学习不仅仅是一种理念，也不仅仅是一种必要（因为如果将其仅仅视为一种"必要"，很难持续保持热情），更是一种自然的习惯，是人生的乐趣和意义所在。同时，终身学习也是我们永远保持年轻心态的秘诀。

对生活的热爱是所有惊喜的前提

在GPT 4刚发布没多久的时候，有一位妈妈突发奇想，和GPT展开了一场对话，她告诉GPT："我5岁的女儿每天都在谈论一只超酷的头顶着向日葵的刺猬，你能告诉我它长得什么样吗？"于是，GPT给生成了几张符合条件的图片。这位妈妈让自己的女儿选择她觉得与自己心目中最相符的一幅图，并且鼓励女儿给这只刺猬起名字。小女孩就给这只刺猬起名叫"Larry"。妈妈把选中的图片和名字都给了GPT，并问它能不能做出更多的形象图片。紧接着，GPT又按照小女孩的想法做出了Larry的房子的形象。Larry的形象如此可爱，GPT给小女孩解释了为什么Larry如此可爱：Larry的毛是向日葵的花瓣做的，它如此特别；Larry还因为它的善良和乐于助人而在整个草原非常出名。小女孩问GPT能不能给她描述Larry展示善意的形象，于是一个张着嘴微笑，向草原上的松鼠、蜻蜓、蝴蝶挥手致意的可爱Larry形象活灵活现地蹦了出来。接下来，就是一张一张的小贴画。小女孩让GPT把这些形象整合到一个睡觉前的故事里。然后，一个美妙的故事就产生了。读完这个故事后，小女孩希望在故事的最后看到Larry幸福地躺着睡着了，沉浸在自己的梦境里。

妈妈把5岁女儿和GPT的所有对话和生成的图像整合在一起出了一本绘本。听到这个故事，我们不禁要为AI强大的文生图功能感到惊叹。可是，我们更应该看到的是这位母亲对生活的热爱和勇敢尝试，她对女儿想象力的培养、对生活中美好事物的观察与向往。这些是AI无法教给我们，也无法取代我们的。

理性与善良是"科技向善"的保障

2023年3月，一部关于AI的电影《梅根》（M3GAN）在中国上映。该电影讲述了痛失双亲的8岁女孩凯蒂被姨妈珍玛收养。珍玛是一家大型玩具公司的机器人工程师，她工作繁忙，无暇照顾凯蒂。为了同时解决照顾凯蒂和舒缓工作压力这两个问题，珍玛决定将新开发的人工智能机器人梅根和凯蒂配对。然而，这个决定却带来了无法想象的严重后果。梅根在与人类交往过程中不断学习成长，梅根原本被编程是为了保护和陪伴凯蒂，然而却逐渐失控，甚至开始杀害认为对自己不友好的人，包括珍玛和凯蒂。

这是一个令人恐惧的关于AI机器人的故事，它反映了我们对未来某一天AI可能发展出人类无法控制的智能机器人的深深担忧。实际上，目前AI技术水平离电影中描绘的那一天还相去甚远。然而，这个故事确实实实在在地提醒我们，需要用理性和善良来规范AI的发展。对于AI使用者来说，理性能够帮助我们甄别和分辨AI提供的信息，以及明确使用AI的界限；对于AI开发者来说，理性则能帮助我们选择未来AI发展路径，更重要的是，理性才有可能遏制因资本逐利而过度开发的AI的智能边界。善良是保证"智者不自取灭亡"的唯一防线。无论是使用者还是开发者，如果技术的发展最终失去了善良的底线，那么"回旋镖"式的自我毁灭将是不可避免的。最终，我们会深刻意识到，科技的发展、对世界的认知和改造，都离不开道德的护航。

AI的深度学习将会加速，而它将学习人类的历史、经验，如果它在这个过程中获取更多关于"善"的信息，那么发展到通用人工智能阶段的时候，它也会把"善"作为自己做判断和决策的道德标准。相反，如果它在这个过程中获取的更多是关于"恶"的信息，那么未来也许在通用人工智能时代，也必然会把"恶"作为自己判断和决策的道德标准。毫不夸张地讲，道德标准将会塑造通用人工智能的未来，从而塑造我们的未来。此刻，我们更加需要重温康德的名言：有两种东西，我对它们思考越是深入和持久，它们在我心中唤起的敬畏和惊叹就越是与日俱增，这就是头顶的星空和内心的道德。

我们不知道身处第一次工业革命和第二次工业革命的人当时有着怎样的焦虑和对教育的思考，也不知道计算机发明时给教育界带来的震撼。但回顾历史，我们可以看到，这两次工业革命在一定程度上改变了教育的内容和方式，然而很多核心的东西并未被改变。如今，AI的快速发展，或许将带来更加深刻和广泛的变化。然而，总有一些教育的基本内容和价值观是恒久不变的。我们应该让孩子勇敢地拥抱AI，让它更好地服务于他们的教育与成长，同时也要坚守那些不变的核心，并把它们清晰地传递给下一代。

后　　记
躬身入局，做一个坚定的理想主义者

再谈教育的功能

从某种意义上说，教育的功能就是对抗"熵增定律"和"丛林法则"。"熵增定律"的概念本书第八章提到过，指的是在任何孤立封闭的系统中，熵（系统中的无效能量）是不断增加的。那么，我们应该如何做？只有开放系统，走出原有的"平衡态"，主动做功，建立"耗散结构"，说白了就是要"新陈代谢"。教育的功能或者说教育者的主要工作就是启发学生，使其保持开放，接纳新知识、新事物，走出舒适区，也可以说就是克服自身体内熵增的过程。当然，这种对抗熵增的过程一定不容易，如何真正激发受教育者主动做功的动力，从而获得延迟满足，这是对每一个教育者提出的挑战。

什么是"丛林法则"？我相信不用过多解释。它原本是自然界的生物物竞天择、弱肉强食的规则，在人类社会也时常会看到它的影子。"赢者通吃"、为了追逐利益进行的不正当无序竞争等，都是"丛林法则"在人类社会的体现。除了通过道德和法律来限制"丛林法则"，还需要教育的力量。不同于动物，人类必须懂得在竞争的同时遵守规则和底线。人与人之间可以有竞争，甚至对抗，即使是最激烈的对抗也应该有底线，而绝不是毫无底线的妒忌和肆无忌惮的抹黑。同时，我们必须懂得，在很多时候，善良和宽容的力量能够让人携手渡过难关。即使是竞争，也不可能"单赢"，因为那是不可持续的。那些处于优势地位的人应该为需要帮助的人留出空间，创造机会。教育或许无法彻底消除"丛林法则"在人类社会中的影响，却能让这种影响在发挥作用时变得更加温和，不那么冷酷无情。

一个理想主义者的坚持

来到北京海淀凯文学校的时候，我给学校确立的价值观是"善良是最重要的底色，积极是最重要的配色"。其实，善良是对抗"丛林法则"的最重要力量，而"积极"则是对抗"熵增定律"的最好状态。

作为一个教育者，这么多年最开心的莫过于看到一个个的生命被点燃，尤其是让很多学生摆脱了那种消极、毫无生机的状态,让他们对这个世界葆有好奇心,勇敢地走出自己的舒适圈。在M+C>B+T(M,motivation,动力,动机;C,capability,能力;B,barrier,障碍,困难;T,temptation,诱惑,干扰)这个行动公式中,教育者的作用就是激发学生的动机、培养学生的动力,鼓励并陪伴他们一起抵抗诱惑和干扰,克服困难和挑战。学生有了对抗"熵增"的勇气,逐步走向积极的状态,教育者为点亮生命的使命就在实现,因为"生命以负熵为生"(薛定谔)。

  当然,除了个体会发生"熵增",一个组织、一所学校也会。那就需要改革,需要开放,需要听到不同的声音和意见。我开始来到北京凯文学校的时候,为了让这个组织焕发新的生机,我倾听了很多家长、老师、学生的意见和建议,在此基础上结合自己的思考,开启了学校的改革。首先,我们致力于将学校原有的"深井式"组织架构转变为基于项目的、更具赋能性的领导力模式。这种转变不仅增强了各部门的主体性,提高了效率,还显著提升了部门间的配合度。另外,我们也在努力克服"组织的行政便利"这一问题。所谓"组织的行政便利",指的是组织在决定是否支持或否定一项提议时,其出发点并非该提议是否有利于服务对象,而是该提议是否便于管理。比如,某位老师想在某个假期在自己班里举办一场由学生自己主持并参与设计和演出的项目,但这一提议很可能会被拒绝,理由包括可能存在安全隐患、会增加预算支出、可能会给其他班级的老师带来心理压力等。我深刻地认识到,这样的拒绝导致的结果是老师和学生都不太敢有创造性的想法,甚至是一些看似常规的事情也都能不去发起就不去发起，因为害怕被拒绝。学生和老师没有了创造性的想法、尝试甚至犯错，何谈培养学生的创造力？当管理层在这一点上达成共识之后，就会出现更多支持性的努力为有想法的老师赋能。当这种赋能成为学校的一种主流文化时，就能看到很多好的想法最后转变成现实，最终让学生受益。

  我初到学校时，学校还没有毕业生，也尚未为培养毕业生做好充分准备。9~12年级仅有52名学生，缺乏完整的高中课程体系和专门的升学指导部门。然而，这些并不能成为我们消极怠工的理由。我们从第一届毕业班的8名学生开始，为他们提供考试辅导，与他们一同修改申请文书，陪伴他们等待录取结果。升学工作的推进，促进了学校课程建设的全面发展和学生对各项学术竞赛的积极参与，反过来，这种全面的提升又为学生申请更好的大学提供了有力支持。经过几年的不懈努力，一些毕业生成功获得了牛津大学、剑桥大学、杜克大学等世界名校的录取通知书。这些都是我们团队共同努力、积极推动学校变革与进步取得的成果。

  过去几年，我们一直致力于打造一个正向、善良的社区。在师生之间、家校之间，我们以正直为信念，以善良为愿望，架起了一座座沟通的桥梁。在处理众多学生事件的过程中，在面对一次次共同危机和挑战时，我们始终秉持并展现着这一价值观。这几年里，学校和家长积极参与了一次又一次的公益和志愿活动。我亲自带领学生多次前往北京的水源地——南水北调的起点丹江口水库，在淅川县为当地的小学生授课，为他们送去图书和电脑，并用筹集的善款为他们打了一口新的水井。在这段饮水思源的旅程中，与其说我们给水源地的孩子提供了帮助，不如说我们的心灵得到了净化。我们的学生不再只关注"自我"，在追求个人利益和自我满足的同时，学会了感恩，学会了为那些需要帮助的人留出一席之地。

与此同时，我们引导学生以正确的心态应对压力和竞争。遵守规则、尊重公正公平，以合作而开放包容的心态去竞争，在竞争中可以赢，可以输。赢的时候保持尊重和清醒，输的时候乐观而不嫉妒，只有这样才不至于让竞争的压力压得自己扭曲变形。重要的是，无论何时或者何种境遇，都不要丧失寻找快乐的心态和能力。

寂寞是理想主义者的战利品，委屈是理想主义者的试金石

2009年，我曾经给学生写过一篇文章《寂寞之于奋斗》。在之后的很多年里，我从来都没有想过这篇文章能对学生产生多大的影响。有一名女生在拿到哈佛大学、耶鲁大学、加州理工学院等名校的物理学博士录取通知书的时候给我写了一封信，信里写道："李老师您好，好久没有联系了。大学四年，在罗切斯特大学基本都是在实验室里度过的，做实验、写论文、参加学术会议，这样的生活很多时候很枯燥，但真的非常感谢您的文章《寂寞之于奋斗》，让我明白了寂寞之于奋斗，就像自己的影子之于自己，鼓励我走完了整个大学历程。"

是啊，寂寞之于奋斗，有的时候正如自己的影子之于自己。然而，只有耐得住寂寞，坦然地接受一切，才有可能走到一个正确的位置，从而真正远离寂寞。这看似矛盾的表述，却是生活中实实在在的辩证法。奋斗的过程，其实也是一个积蓄能量的过程。在这个过程中，由于质变尚未显现，因此往往不太容易引起别人的注意。这更多时候是奋斗者与自己内心的交流和斗争，因此他们会感到寂寞。其实，这和蜘蛛织网的道理是一样的：蜘蛛织网的过程非常艰难，有时为了找到合适的接点，需要在不同的地方来回寻找很多次，而且经常面临着之前刚接好的丝被风吹走的风险。从蜘蛛开始放出"搜索丝"到织成一张完整的网，往往需要几个小时甚至十几个小时。在这漫长的过程中，人们往往不会关注到它，只有当一张网织成时，人们才会注意到它的存在。人的奋斗过程，从努力到获得成功与认可，又何尝不是如此呢？只有真正坚定的理想主义者，才能时常体会到这种寂寞的感觉。因此，从这个意义上讲，寂寞是理想主义者的战利品。当然，在追逐理想的过程中，理想主义者难免会遭遇许多委屈和不被理解。当受到委屈时，他们自然会问自己，为什么要去做这些事情，这一切真的值得吗？然而，这些委屈恰恰是对理想主义者的一种考验。每当这时，只要回想起自己为何踏上这段旅程，以及自己的工作可能带来的深远意义，他们就能找到坚持下去的力量。过去几年，我在学校推行的改革从未轻松过。这是一场处理矛盾，以广大学生、家长、老师的长远利益为出发点，去制约和消除一部分人既得利益和舒适区的战斗。这条路从来都不是一帆风顺的，其中的辛酸和艰辛难以言表。但因为心中有着理想的光芒指引，路上也遇到了越来越多志同道合的人。于是，我坚持走了下来，也让这束光照亮了更多人的心灵。

  坚定的理想主义者都是坚实的行动派，他们扛得住委屈，耐得住寂寞，努力让理想变为现实，坚持不懈地在创造那个自己心中更美的世界。

李永远

参考文献

亨利·戴维·梭罗. 瓦尔登湖[M]. 仲泽, 译. 成都: 四川文艺出版社, 2014.

洪应明. 菜根谭[M]. 杨春俏, 评注. 北京: 中华书局, 2013.

纪伯伦. 先知[M]. 冰心, 译. 北京: 人民文学出版社, 1957.

卡尔·古斯塔夫·荣格. 分析心理学的理论与实践[M]. 成穷, 王作虹, 译. 南京: 译林出版社, 2011.

康德. 实践理性批判[M]. 邓晓芒, 译. 杨祖陶, 校. 北京: 人民出版社, 2003.

墨子. 墨子[M]. 李小龙, 译注. 北京: 中华书局, 2016.

简·尼尔森. 正面管教(修订版) [M]. 玉冰, 译. 北京: 北京联合出版公司, 2016.

乔·马钱特. 人类仰望星空时: 繁星、宇宙与人类文明的进程[M]. 宋阳, 译. 北京: 中信出版社, 2022.

王宏甲. 中国天眼: 南仁东传[M]. 北京: 北京联合出版公司, 2019.

新华时评: 教育要"会解题"更要"会解决问题"[EB/OL]. [2025-01-16]. http://mp.weixin.qq.com/s?__biz=MzU1OTUwMTE0NA==&mid=2247545350&idx=1&sn=90257026e76ee4f1322f4fa8f2877ffb&scene=0.

尤瓦尔·赫拉利. 智人之上: 从石器时代到AI时代的信息网络简史[M]. 林俊宏, 译. 北京: 中信出版社, 2024.

中国教育三十人论坛, 一起教育科技. 2018年中小学生减负调查报告[R]. 2018-12.

M. 斯科特·派克. 少有人走的路: 心智成熟的旅程[M]. 于海生, 译. 长春: 吉林文史出版社, 2006.

Burke E. A Philosophical Enquiry into the Origins of Our Ideas of the Sublime and Beautiful[M]. Oxford: Oxford University Press, 1757.

Cain S. Bitter-sweet: How Sorrow and Longing Make us Whole[M]. New York: Random House Publishing Group, 2022.

Clausius R. The Mechanical Theory of Heat: With its Applications to the Steam-Engine and to the Physical Properties of Bodies[M]. London: John van Voorst, 1865.

Clinehens J. The habit loop: How your environment encourages bad habits[J]. Journal of Behavioral Sciences, 2020, 25: 12-20.

Comenius J A. Great Didactic of Comenius[M]. London: A. & C. Black, 1896.

Csikszentmihalyi M. Beyond Boredom and Anxiety[M]. San Francisco: Jossey-Bass, 1975.

Friedman T L. The World is Flat: A Brief History of the Twenty-first Century[M]. New York: Farrar, Straus and Giroux, 2005.

Grant A. How to Stop Languishing and Start Finding Flow[R]. TED Talk, 2021.

Kevin M. You now have a shorter attention span than a goldfish[EB/OL]. [2015]. http://time.com/3858309/attention-spans-gold.sh.

Kipling R. Complete Verse[C]. Doubleday, 1990.

Maltz M. Psycho-cybernetics[M]. London: Wilshire Book Co, 1981.

Márquez G. One Hundred Years of Solitude[M]. New York: Harper & Row Publishers, 1970.

Paisley R W. The Division of Labor between the left and right cerebral hemispheres[J]. Science, 1981, 212(4495): 1080-1082.

Russell B. The Conquest of Happiness[M]. London: Routledge, 2004.

Song H, Zmyslinski-Seelig A, Kim et al. Does Facebook make you lonely? A meta analysis[J]. Computers in Human Behavior, 2014,

(36): 446-452.

Stelmack R M, Stalikas A. Galen and the humour theory of temperament[J]. Personality and Individual Differences, 1991, 12(3): 255-263.

Urban T. Inside the Mind of a Master Procrastinator[R]. TED Talk, 2016.

Wójcik M, Starzyk J B, Drożdż. M, et al. Effects of puberty on blood pressure trajectories — Underlying processes[J]. Current Hypertension Reports, 2023, 25, (7): 117-125.